Luther on the Christian Life
Cross and Freedom

Originally published by Crossway, 1300 Crescent Street, Wheaton, Illinois 60187
Published by agreement through Beijing Abundant Grace Communications Ltd.

路德的人生智慧

十字架与自由

LUTHER ON THE CHRISTIAN LIFE

CROSS AND FREEDOM

卡尔·楚门 (Carl R. Trueman) / 著　王一 / 译

上海三联书店

路德的人生智慧

LUTHER ON THE CHRISTIAN LIFE

CROSS AND FREEDOM

如果你认为自己了解路德，那就读这本书吧。本书极具启发性和造就性。作者卡尔·楚门显示出牧者的关切和历史学家的严谨，向我们提供了一份路德对天路客生活的分析，就像这位德国改教家本人一样"具有人情味"。然而，本书远不止于路德对天路客生活的理解。它是结合历史背景理解路德的最好概览之一。

——迈克尔·霍顿(Michael S. Horton)

加州威斯敏斯特神学院教授，《加尔文的人生智慧》作者

卡尔·楚门取得了一项巨大的成就：他给我们的这本书，不仅具有学术深度和历史精度，同时又具可读性和清新的当代性；而且他在相对较短的篇幅里充分展示了马丁·路德的才华与勇气。楚门向我们展现的路德，在许多方面与我们相异，却又可以从其身上学到这么多，这一点值得称赞。

——凯文·德扬(Kevin DeYoung)

东兰辛市大学改革宗教会主任牧师

本书再次说明了为什么马丁·路德仍然是几乎取之不尽的资源。楚门解释了为什么路德是一位充满洞见、鼓舞人心、有人情味甚至幽默的指导者，帮助我们认识天路客的生活。尤为重要的是，楚门清楚地解释了为什么路德处理一切的方法几乎都基于十架，为什么“十架神学”在今天依旧能够有力地激励天路客。

——马克·诺尔(Mark A. Noll)

圣母大学教授

楚门提供给我们的不仅是路德的神学，还有作为神学家的路德，这也将作为神学家的我们与路德联系在一起。我们从楚门对路德的见解中学到，神学不仅是我们对上帝所知道的知识，甚至也不仅是我们如何知道这些知识的，神学与我们是谁这个问题紧密相关。楚门给我们展现的是路德——便秘、机智、矛盾和他的一切。我们也终于为粗野的幽默感找到了一个神学性的借口。

——艾米·伯德(Aimee Byrd)

《主妇神学家和神学健身》作者

用一本短小的书来总结马丁·路德的基督徒生活神学和意义实在不容易。然而，楚门做到了，沉着泰然而又热情奔放。强烈推荐本书，它出色地介绍了一位杰出的基督徒和一名杰出人士。

——迈克·海金(Michael A. G. Haykin)

美南浸信会神学院教授

本书带我们进入了一场引人入胜、令人愉快的思想之旅，探索了基督教最具影响力的神学家之一。楚门直探路德思想的核心，阐明路德思想对于天路客人生的意义。楚门智慧超卓，学术精湛，论述清晰易懂。这是一部精彩的路德思想导论。强烈推荐！

——贾斯汀·霍尔库姆(Justin S. Holcomb)

戈登-康威尔神学院教授，《论上帝的恩典》作者

在这本引人汗目的书中，我们遇见了路德牧师的一幅醒目肖像，那是一个有血有肉的人，知道生活中心灵和身体上的乐趣与痛苦，以及在一个堕落的世界中作为基督徒所经历的艰巨的日常挑战。在优雅而充满教牧与神学洞见又极具幽默的文风里，楚门不仅把路德精确地定位在他所处的时代中，并且告诉我们这位德意志博士如何对我们说话。楚门对这位讨论基督徒生活的伟大作家的深刻探索，挑战我们退掉自我探索和自我表达的旅程票，来追求更真实的东西。相隔五百年的时空距离，路德告诉我们，这故事不是关于我们，而是关于上帝为我们所成就的。

——布鲁斯·戈登(Bruce Gordon)

耶鲁神学院教授，《加尔文》作者

本书巧妙地结合了深刻的历史研究与圣贤的教牧智慧，向我们展示了一个未经修饰的路德——一个令人惊讶，同时又会冒犯那些只熟悉被圣化吹捧过的维滕堡改教家形象的人们。但是，这是我们需要的路德，因为这才是真正的路德——而不是圣徒传记小说——只有这样的路德才最能教导我们基督徒生活。路德的新老读者都将从楚门的书中获益良多。

——**斯科特·斯温**(Scott R. Swain)

奥兰多市改革宗神学院副教授兼教务长

本书有绝佳的可读性，幽默，并始终心系今日的教会，楚门带我们进入路德那个魔鬼出没的世界，并向我们显明了十字架的中心性，以及上帝话语的客观力量如何帮助路德理解基督徒生活。最重要的是，我们要以路德的方式来面对路德。他对仪式和圣礼的高度重视，与他对圣经权威和因信称义等更为人熟悉的观点是一致的。所有对路德或者对宗教改革感兴趣的人都需要读这本好书。

——**卡尔·贝克卫斯**(Carl Beckwith)

毕森神学院副教授，《普瓦捷的希拉里论三位一体》作者

献给凯特利奥娜（Catriona）

盖尔语的凯瑟琳（Katherine）
和拉丁语的枷锁（catena）谐音

无须多言

目录

总 序

也许有人会说我们是备受宠爱的一代人。在今天这个时代里，我们拥有许多重要扎实的关于基督徒生活的资源。图书、系列DVD、网上资料、研讨会，这一切有助于激励我们每日与基督同行的资源，唾手可得。今天的平信徒，就是坐在教堂里的人们，可利用的信息要比过去几个世纪里学者们所梦想的还多。

然而，尽管我们拥有丰富的资源，我们却也缺乏一些东西。我们往往缺乏历史的视角，缺乏站在一个与自己不同的时间与地点看问题的视角。换句话说，我们在当下的视线里有太多的财富，使得我们不去看过去。

这是一件很不幸的事，特别是涉及学习如何实践做基督的门徒。这就像我们拥有一个豪宅，却选择只待在一个房间里。而这个系列就是邀请您来探索其他房间。

在这趟探索旅程中，我们将访问不同于我们今天的地点和时代，也将看到不同的模型、方法和重点。这个系列的目的并非不加批判地复制这些模型，也并不打算把这些过去的人物捧上高位，好像他们属于超级基督徒一族。这个系列的意图是为了帮助现在的我们聆听过去。我们相信,在过去二十个世纪的教会里是存有智慧的,就是如何过基督徒生活的智慧。

史蒂芬·尼科尔斯和贾斯汀·泰勒

(Stephen J. Nichols and Justin Taylor)

序 言

这位几乎不敢开口向上帝叹息或哭泣的小奥古斯丁修士，最终于有生之年在整个西方欧洲世界里发声，且非同凡响。他至今仍然向全世界各地教会说话。

有些路德宗人士试图把马丁·路德当作是他们专属的财产。而卡尔·楚门则表明这位来自维滕堡的改教家属于耶稣基督的全体教会。印刷技术把路德和约翰内斯·古滕堡(Johannes Gutenberg)结合在一起，借着印刷机，路德与上帝和信徒们的谈话被传播开来，不仅在当时的时代，也传播到了我们今天。楚门很好地利用这一点，把这谈话也传递给我们这些读者。作为委身改革宗信仰立场的历史学家，他敏锐细致地处理了这位与21世纪的基督徒相隔数世纪又存在文化差异的人物。不过，他把这个自己并不总是认同的思想家看为一位有价值的、有魅力的、活泼的对话伙伴。楚门在这里向路德宗信徒和其他神学传统的基督徒指明，路德如何使用圣经，及如何活出圣经所表达的信息，即上帝所具有的创造和再创造的能力与深切的怜悯。

4

站在一个以路德的名字命名的神学传统(有时它也认真对待他的信息)之外,楚门向读者展现了路德一生的波折起伏。他解释了德意志奥卡姆主义思想与修道主义敬虔观的背景如何与圣经相互作用。当路德成为圣经博士(上帝话语的教师)时,他曾起誓要为了上帝子民的益处来解释圣经。楚门很有洞察力地追溯了这个互动
14 过程,即路德焦虑而柔弱的良心与圣经的作者们,以及农民与贵族共有的各样宗教情感之间的互动。楚门明智地引用路德文字使他的记叙十分生动。

路德从圣经中发现,上帝不喜悦那些外在的献祭,以及在仪式上履行宗教义务。上帝是说话的上帝,是群体的上帝,是一位用话语创造、构建现实的上帝。路德终于进入与这位上帝的对话中,他是一位进入人类历史,死在十字架上,为他的子民重获生命的上帝。我们经常认为路德太固执在耶稣基督和十字架上,而不重视信仰的果实以及新生命如何顺服创造主对人类生活的要求。事实上,楚门阐明了这样一个事实:当他作为教授向维滕堡的会众讲道,并写信给德意志各处的读者教导他们时,路德就已经在强调我们要以蒙恩重生的上帝儿女的身份来生活。他对创造教义的强调使他享受创造者的恩赐,其中包括物质上的祝福以及在群体中编织成人类生活本质的人际关系。因此,他在日常生活的基本结构中谈人的需要和人的欲望,其中包括生活中一切的试探以及作为上帝的代言人来服侍他人的呼召。在路德与自己良心的一切挣扎中,在与顽固的农民和傲慢的王侯的斗争中,在面对威胁要烧死他的属撒但之强权中,

楚门找到了这个“与我们一样的人”(第55页)*,无论我们是否同意他的观点,我们仍然可以从他学习很多。

因此,这本书给我们一次机会与另一位“与我们一样的人”谈话,这个人多年来一直密切关注着路德,仔细聆听着路德,现在他分享给我们,不仅仅只是他自己的一点洞见而已。这本书提出了一个如何过敬虔生活的计划,这生活的基础是上帝对他创造的人类所讲的话,而这位上帝本身就是成了肉身的道,这道以口头、书面和圣礼的形式为我们赐下一个应许。这本书把来自另一个时代的智慧具体化,这智慧也同样适合我们所处的时代,因为它是从上帝的话中发掘出来的。在这本书中,楚门促成了一次跨时代的有益对话,带领读者们聆听路德,就像路德自己曾聆听他的主和主的忠心子民,并与之交谈。

罗伯特·科尔布
(Robert Kolb)

* 此处指英文版原书页码,即本书边码。——编者注

前言 15

几乎从我第一次明白福音的那一刻起，我就深深地爱上了路德。与奥古斯丁、阿奎那、欧文、沃菲尔德、钟马田和巴刻一样，路德一直是我私下的神学同伴。但他远比这些人更让我忍俊不禁。因此，受邀为Crossway出版社这个系列来写路德这本书，对我来说既是荣誉也是件愉快的事。然而，我更想建议你把这本书放在一边，自己去阅读路德的作品。当人们有机会亲眼看到大峡谷或珠峰的时候，谁还会想看它们的照片呢？不过对于那些想要初步了解这位伟大而有缺陷的维滕堡宗教改革奇才的人们来说，我相信这本书能够满足这个要求，并激发他们对路德的兴趣。

我要特别感谢史蒂芬·尼科尔斯和贾斯汀·泰勒邀请我来写作这本书，并且容忍我一再延期截稿。他们冒险把这个任务交给我这个路德宗传统之外的人，但我希望最终这本书能够通过真正路德宗弟兄们的检验。我也要感谢十架路出版社的其他工作人员，协助我从手稿到出版成书的整个过程。

我还要对罗伯特·科尔布表示深深的感谢，他花了许多时间阅读我的手稿并为本书作了愉快而亲切的序言。罗伯特是一位伟大的路德宗牧者及学者。他通过自己的著作教导我如何热爱并理解路德，我很荣幸得到他对我这个改革宗教会信徒所作的工作的认可。同样，我也深感激动、愉快和荣幸，马丁·马蒂(Martin Marty)写了如此诚挚的后记。

本书里的一些思想已经在肯塔基州路易斯维尔的美南浸信会神学院里经过了考验，我很荣幸曾在2012年秋季在这里的吉恩斯讲座(Gheens Lectures)中讲授"神学牧者路德"这个主题。在此我要感谢莫勒(Mohler)校长和罗素·摩尔(Russell Moore)院长的热情邀请。

我也感谢威斯敏斯特神学院的董事们和学院在2014年春天给我假期，以完成这本书；还要感谢本、查尔斯、克里斯、迪克、桑迪和汤姆。作为宾夕法尼亚州安布勒市房角石长老会(OPC)堂会的成员，也是会众中的一员，他们十多年来为我和我的家庭提供了一个快乐的属灵家园，在这里有规律地领受圣道和圣礼的喂养，尽管是以马丁博士不完全赞成的方式。

最后，我也要感谢我的朋友们，在基督徒生活上他们教给我许多许多，特别是如何欢笑，这对马丁博士自己也十分重要：托德、艾美、马特、马克斯、保罗和艾丽西亚。继续讲笑话吧！最后，我把这本书献给我自己的"凯蒂阁下"。正如我十六年前献给她的另一本书中所写的：*sine qua non*(非你莫属)。今天比当时更真切。

缩略语

LW 是《路德全集》的缩写：*Luther's Works*，American edition，vols. 1 - 55，ed. Jaroslav Pelikan and Helmut T. Lehmann（Philadelphia：Muhlenberg and Fortress；St. Louis：Concordia，1955 - ）。引用卷章如下：

BC	*The Book of Concord: The Confessions of the Evangelical Lutheran Church*, ed. Theodore G. Tappert (Philadelphia: Mühlenberg, 1959).
LW, 1	*Lectures on Genesis, Chapters 1 - 5*, ed. Jaroslav Pelikan, 1958.
LW, 11	*First Lectures on the Psalms II, 76 - 126*, ed. Hilton C. Oswald, 1976.
LW, 14	*Selected Psalms III*, ed. Jaroslav Pelikan, 1958.
LW, 18	*Lectures on the Minor Prophets I: Hosea-Malachi*, ed. Hilton C. Oswald, 1975.
LW, 21	*The Sermon on the Mount (Sermons) and the Magnificat*, ed. Jaroslav Pelikan, 1956.
LW, 26	*Lectures on Galatians, 1535, Chapters 1 - 4*, ed. Walter A. Hansen, 1963.
LW, 27	*Lectures on Galatians, 1535, Chapters 5 - 6; Lectures on Galatians, 1519, Chapters 1 - 6*, ed. Walter A. Hansen, 1964.
LW, 31	*Career of the Reformer I*, ed. Harold J. Grimm, 1957.

LW, 32 *Career of the Reformer II*, ed. George W. Forell, 1958.

LW, 33 *Career of the Reformer III*, ed. Philip S. Watson, 1972.

LW, 34 *Career of the Reformer IV*, ed. Lewis W. Spitz, 1960.

LW, 35 *Word and Sacrament I*, ed. E. Theodore Bachman, 1960.

18 LW, 36 *Word and Sacrament II*, ed. Abdel Ross Wentz, 1959.

LW, 38 *Word and Sacrament IV*, ed. Martin E. Lehmann, 1971.

LW, 40 *Church and Ministry II*, ed. Conrad Bergendoff, 1958.

LW, 41 *Church and Ministry III*, ed. Eric W. Gritsch, 1966.

LW, 42 *Devotional Writings I*, ed. Martin O. Dietrich, 1969.

LW, 43 *Devotional Writings II*, ed. Gustav K. Wiencke, 1968.

LW, 44 *The Christian in Society I*, ed. James Atkinson, 1966.

LW, 45 *The Christian in Society II*, ed. Walther I. Brandt, 1962.

LW, 46 *The Christian in Society III*, ed. Robert C. Schultz, 1967.

LW, 47 *The Christian in Society IV*, ed. Franklin Sherman, 1971.

LW, 49 *Letters II*, ed. and trans. Gottfried G. Krodel, 1972.

LW, 50 *Letters III*, ed. and trans. Gottfried G. Krodel, 1975.

LW, 51 *Sermons I*, ed. and trans. John W. Doberstein, 1959.

LW, 53 *Liturgy and Hymns*, ed. Ulrich S. Leupold, 1965.

LW, 54 *Table Talk*, ed. and trans. Theodore G. Tappert, 1967.

现代德国地图上与路德一生相关的城市

导言 日内瓦与维滕堡有何相干？

那是很久以前，那时如此久远，

那时多么美好，远胜过今天。

——肉块乐队，《仪表盘上的天堂》①

像这样一本书的开头，按老规矩都会这么问，为什么要写一本有关路德的基督徒生活观的书呢？可是对于这位维滕堡的改教家来说，这种问题似乎毫无意义。自奥古斯丁以来，再无任何一位教会牧者兼神学家可以像路德一样，影响整个西方教会数世纪。这不仅因为他在16世纪以教会牧者的身份发起抗议，促成中世纪教会的崩塌，更是因为他特别关心的许多问题——圣经的清晰性、宣讲圣言的中心性、本乎恩且因着信的称义，以及圣餐礼——都帮助新教（更正教，Protestantism）在面对罗马天主教时，形成了自我定义，并且同时在宗教改革内部的各不同团体之间，明确彼此是多么不同。简而言之，理解路德对基督徒生活的处理方法，是理解西方基督教近五百年来各种属灵实践的基础。

然而，读过路德作品的读者应该一下子就意识到许多问题。首

① 歌词作者詹姆士·"吉米"·斯坦曼(James "Jim" Steinman)。（该乐队以 Michael Lee Aday 的绰号 Meatloaf[肉饼]命名。——译者注）

先，路德的神学特别容易产生金句名言。很多从未深读路德的人也会熟悉他的名言："荣耀神学家""十架神学家""唯独因着恩典、借着信心称义""隐藏的上帝与启示的上帝""意志的捆绑""稻草书信"。任何对神学有兴趣的基督徒都会被这些名言吸引；可是被吸引或听说过并不等于真正明白这些话的含义，更不意味着知道如何将它们融入整全的基督徒生活观。

当我们意识到当今的福音派倾向于把过去的英雄重新改造成现代福音派人士形象时，这一问题就越发严峻了。多年以来，许多人物都已惨遭改造，迪特里希·朋霍费尔(Dietrich Bonhoeffer)和C. S. 路易斯(C. S. Lewis)就是其中最明显的两个例子。导致此状况的原因不甚明了，不过这或许与当今美国文化不愿与不同思想的人产生正面交流有关。可惜，这往往意味着我们无法从其他思想中学习：如果我们只是一味地把别人按照我们的形象重新塑造，我们永远不会真正面对那些与我们不同的人带来的挑战。

路德不是美国现代福音派人士。事实上，不论他的思想世界还是他所处的现实世界都不是美国福音派世界。举例来说，许多现代福音派信徒认为，个人私下学习圣经是基督徒生活的中心，而圣礼是次要的。在某些浸信会圈子里，有些人反复悔改，而且不确定受洗之前的宣信是否真诚。教会允许给这些人重新施洗，这样的传统体现出福音派信徒低看洗礼。极少数的福音派信徒，如果有的话，会认为圣餐礼不单单是象征性的展示。

可是，对于路德而言，私下学习圣经成为基督徒生活的主题可谓奇异怪诞：毕竟，在他的教区居民里，就算有人能买得起书，也没几个人会阅读。至于圣礼，路德对洗礼观点的改变很大程度上影响了他对称义的理解；“我已受洗”是他用来抵挡魔鬼在耳边的试探的武器；他坚定相信胡尔德里希·茨温利(Huldrych Zwingli)是出于“另一个灵”，对他的信仰表示怀疑，正是因为这位瑞士神学家宣称圣餐礼只是一种象征。简而言之，路德不会承认今天福音派对洗礼的典型做法或态度；以他对茨温利的言词，估计他会因“另一个灵”的缘故，把所有福音派信徒、安立甘宗信徒和长老会信徒统统开除，因为他们无法在圣餐礼上与他达成一致。当然，路德总是喜欢使用夸张的语言，所以我们不应该只看他话语的表面意思。尽管他的确不太可能真把与自己圣餐观不同之人的信仰通通否决，但他确实会认为他们对基督教信仰的理解有严重的缺陷。

事实上，今日福音派对路德和他的世界感到陌生。路德的敬虔扎根在教会中，扎根在宣讲的道中过于在阅读的道中，扎根在洗礼和圣餐礼中。此外，在他的世界里，魔鬼四处游荡，超自然现象渗透散布在自然界里，人类内心旧人与新人的争战就是统管宇宙的上帝与魔鬼争夺灵魂的争战。因此，如果我们打算了解这位研究基督徒生活的神学家路德，就必须把大家熟悉的福音派神话中的英雄路德先丢弃掉。

除了以上所提人们对路德的刻板印象，研究路德还有第二个难点：人们普遍认为路德不是一位系统性的思想家。从某种意义上讲，这是事实：路德没写过像阿奎那那样完整的神学大全

(*Summa*)。在路德宗传统形成早期,这项任务落在了路德的一位年轻杰出的同事菲利普·梅兰希顿(Philipp Melanchthon)肩上,其著作《神学要点》(*Loci Communes*)从1521年起就一直肩负如此重任。不过,我们不应该单凭路德没写过系统神学这点就妄下结论,认为他的思想内容与发展前后不一致。路德一生数十载,写过数量巨大、类型繁多的神学作品,从讲章到辩论,从教牧书信到诗歌和要理问答。他是否在某些细节上自相矛盾呢?很可能。可是又有谁能在长达四十多年的时间里,在涵盖广泛的各样话题中,写作逾百万字而毫无任何矛盾呢?既然如此,我们要问,总体上来看,是否路德的思想内容尽管很复杂但依旧前后一致?答案是肯定的。这一点可以从多年以来对路德思想进行总结的大量作品中看出来。[②] 既然路德的思想如此复杂且一致,那么阅读其作品的人——对于那些喜欢引用其名言的人更是如此——一定要明确其神学的整体框架,以免断章取义,产生路德本人都会谴责的误读。

这就带来第三个难点(这难点来自于许多路德迷对他思想的肤浅理解):路德本人的生活经历对他思想的本质与发展很重要。拿

② 参见导言后面的"延伸阅读"部分。甚至从路德去世时,对其神学的不同理解就成了争论的源头,他的跟随者很快分成两大阵营:菲利普派(Philippists,他们以梅兰希顿关切的问题来理解路德),以及纯路德派(或称"真路德派"[Gnesio-Lutherans])。前者在圣餐礼问题上对改革宗更加开放,在人的意志问题上更加靠近伊拉斯谟派(Erasmian),在敬拜礼仪问题上向罗马天主教更让步一些;而后者则在圣餐礼上保持与改革宗观点严格对立,坚定支持路德在1525年所著的《论意志的捆绑》(*The Bondage of the Will*)中对意志的教导。

本书相关的话题来讲：如果我们不理解路德本人的生活，就无法理解路德对基督徒生活的看法。

当代福音派圈子里对路德的接纳有个很有趣的现象，就是他们只接纳宗教改革早期的路德——海德堡辩论的路德、《基督徒的自由》的路德、《论意志的捆绑》的路德——这位路德大概的作用就是提供给他们一些引用的话、摘录和一些翻来覆去的陈词滥调。所以，吸引他们眼球的是1525年之前的路德。可问题是，路德与德西德里乌斯·伊拉斯谟(Desiderius Erasmus)爆发冲突之后，他又活了二十一年，这些年日不仅记录了他与茨温利在教义上的争端，也见证了路德宗改教事业在制度与实践上有了基本的巩固。毕竟，路德在世的时候，宗教改革还是个尚未完成、正在进行的事业：他的神学粉碎了旧的教牧模式，改变了基督徒对教牧工作与生活体验的期待目标。虽然它解决了中世纪末期天主教产生的一些问题，但它也提出并产生了一些必须解决的新问题。只引用路德的《海德堡辩论》或《基督徒的自由》是不够的，因为这无法看到这些文献背后的神学如何继续影响当时的世界，以及路德和同事们如何根据这些变化继续完善他们的思想和行动。

在这里给读者透露一下我在本书里想要论证的观点。我认为1525年之后的路德对于我们理解他对基督徒生活的观点极其重要。那时的路德年纪渐长，也渐渐感受到衰老带来的健康影响。1521年，他因为在瓦特堡经常久坐不动而饱受慢性便秘之苦。此外，路德越来越明白，他生活的时代离基督再来并不那么近，只用讲道不

能保证上帝国度的进展和教会的良好秩序。1522 年，路德还可以很
25 轻松地谈论宗教改革的成功，说自己只不过是坐在酒吧里与阿姆斯多夫（Amsdorf）和梅兰希顿一起喝酒，是上帝的道亲自做成一切的工[3]；但在 1525 年之后，路德发现事情要比这困难得多。1525 年的农民战争，以及 16 世纪 20 年代整个后半叶与茨温利持续不断的辩论，这一切都表明要新教形成共识是一种幻想，并且当时社会危机四伏。教区内兴起的反律法主义（antinomianism）说明讲道必须放在更有纪律性的牧养与教会框架之中。皇帝未能签署《奥格斯堡信条》（Augsburg Confession），教皇未能认可路德的立场，犹太人未能归信基督教，这一切都表明宗教改革将是一场持久战。

年轻时的路德，像 1914 年的英国士兵一样，认为冲突会在圣诞节完全结束，而后期的路德则知道，实际上斗争会一直持续下去——这比他想象的，甚至比他最糟的噩梦还要久。在到达终点之前，我们必须重新考虑道德规范、连贯的信仰教育以及教会结构，以便为子孙后代保存福音。

既然现代读者要理解路德需要这么多的提醒，那么路德这个人究竟有何独特之处，使得在讨论今日基督徒生活时与他对话格外有益？显然，如上所述，是他定义了在关于基督教辩论中许多新教使用的词汇。不过，他的重要性还远不止如此。作为一名身为牧师的神学家，他一直在探索如何把他的神学思想与他牧养的人

③ *LW*, 51: 77.

们的生活联系起来。这使得他的写作充满明显的教牧色彩。此外,(作为神学家)他经常不断地在写作中提到自己的生活和经历。这种个人情感的流露在其他重要的改教家作品中是很少见的。例如,加尔文的信件里的确包含一些自己的个人生活片段,但是他的讲义、注释、出版作品里则很少提及这些事。约翰·欧文(John Owen)亲历了他十一个孩子的逝去,但他从未提及个人的悲伤。然而,路德与众不同:他的内心生活就是一出公开戏。不过他的做法和今天的脱口秀、微博或个人博客不同,他并非在提升自己的名气;他的做法是自嘲、幽默,偶尔有一些感伤。不过他还是这样做了,这也使他在基督徒生活自我反省的研究领域中成了很有吸引力的案例。 26

在接下来的八章中,我将讲述路德对基督徒生活的理解。其实,他自己的生活就是富有戏剧性的基督徒生活。人们对神学家的研究常常是把神学家当作一堆抽象概念的简单汇集。可路德是个有血有肉的人;他是儿子、神父、牧师、传道人、政治家、辩论家、教授、丈夫、父亲、酒友、幽默大师、抑郁者;他是一个不止一次站在自己心爱的孩子墓前的男人;他为婴儿施洗,操办婚事,听人忏悔,主持葬礼。所有这一切都形塑了他的神学。实际上,他是以一个浸泡在日常生活现实泥潭之中的人的角度来进行神学写作。

说到这儿,有必要指出我在这本书里不做的事情。第一,我不会与无边无际的路德学术研究做大量的互动。我的目的是把路德对基督徒生活的思想介绍给深思熟虑的基督徒读者。解释路德的争议不在我的目标范围之内。但是有一点例外，就是他对基督徒生活中“圣洁”的观点，这更多是因为当代教会内部的争论，而非路德学术研究的动向。

第二，我在这里不会对路德做出重要的批判。我的确可以花时间分析路德宗与长老会之间的区别，并利用这个机会宣传我所认信的立场。但是我努力避免这种试探。我所做的是按照路德本人的方式来解释他的神学。当然，我在一些问题上非常不同意路德的观点，例如在洗礼和圣餐上，但这并不是本书所要表达的。

在每章的结束部分，我加入了一小段总结思考，针对每章的主题来讨论如何将本章重点应用于当今教会和信徒身上。这的确有年代误植(anachronism)的可能。就像在导言开头引用肉块乐队的歌词里所体现的，我们经常倾向于把过去理想化，借研究历史的机会来抒发怀旧之情，哀叹以往的黄金岁月一去不返。这种做法毫无意义，而且从历史角度来看也是错误的：过去其实没有我们想象的
27 那么好。不过，作为基督徒，我们有责任，也有特权和召命，与过去的圣徒展开建设性的对话，这有助于我们更清晰地理解现在。路德对整个新教来说都是具有开创性的，因此与他的思想互动至关重要。我相信总结思考的部分既会带来挑战，也会鼓舞人心。

接下来，我要简单介绍一下各章的主要内容。在第一章里，我将描绘路德一生中许多富有戏剧性的情节，以此来勾勒出他的生平。这一章很少有脚注，因此想要更深入了解路德生平完整细节的读者可以阅读培登(Bainton)、马蒂，以及最重要的布莱希特

(Brecht)等人的作品,我会在导言后面列出。不论如何,了解一些他的生平传记对理解他的神学还是有必要的。路德本人与上帝之间的角力深刻地造就了他对上帝话语的理解。此外,了解路德的优点和他可怕的缺点也有助于读者对人的全部,包括所有缺点,有更现实的认识。

在第二章里,我将检视路德思想中一些基本的神学概念。我将以海德堡辩论(Heidelberg Disputation)为出发点,探索荣耀神学家(theologian of glory)与十架神学家(theologian of cross)之间的关键区别。这些基本的神学分类构成了路德对活在上帝面前的生活的全部理解。接下来,在讨论他的"信徒皆祭司和君王"这个观念之前,我将概述他对"称义"的理解,以及他对"人同时是义人和罪人"的理解。软弱即是刚强——这是上帝在基督里的完整信息,也是我们面对当今世界过度强大的尼采主义的解毒剂。

在第三章里,我将专注于宣讲的道。路德对上帝的话语有着深刻的神学理解。这塑造了他对创造、上帝的行动以及他在救恩里具体行动的看法。在这一点上思考路德的见解有真正的价值,因为这提醒传道人,他的任务不依赖于自己的力量或雄辩,而在于透过他说话的上帝所拥有的能力。

在第四章里,我们将看到,对于路德而言,基督徒的生活有很强的仪式层面。基督徒生活的基本内容是日常而平凡的:学习十诫、使徒信经和主祷文。路德意图通过礼拜仪式和要理问答来达到这一点。在我们生活的时代,一切都必须是"激进的"和"革命性的"。

但对于路德而言，一个人能做的最激进的事莫过于以小孩子般单纯的信心来学习信仰的要道。

在第五章里，我将探讨道在个人生活中如何工作。这里的核心乃是聆听上帝的道，其中包括发言、默想和“试炼”（或使用德文单词 *Anfechtungen*）。圣道直击我们存在的核心；学习圣道从不是纯粹的大脑运动或死记硬背的练习。它会抓住我们的灵魂，驱使我们绝望，再把我们直升到天堂的门口。

在第六章里，我们将讨论现代福音派对路德最缺乏共鸣的问题：圣礼。即使我们意见不同，仍然可以从他那里学到许多东西。上帝在基督里赐恩给我们这一伟大客观事实强化了路德的思想，使他坚信，基督道成肉身意味着上帝以切实而软弱的方式对待破碎的罪人，而这是荣耀神学家们所藐视的。

在第七章里，我将围绕路德关于自身内在之义的思考来讨论一些棘手问题。在此，我提出了上面提到的情况，1525 年前最受欢迎的几部路德作品无法提供足够的证据基础就路德成熟神学得出更广泛的结论。

最后，在第八章里，我将讨论路德与现实生活：公共领域的生活、俗世的呼召、婚姻和家庭。路德比 16 世纪的任何人都更具革命性地思考所有这些问题，因此值得我们关注。

在导言结束之前，也许是时候提一下我个人认为研究路德极具价值的原因。我并非站在路德宗内部人士的角度来写作：作为一名改革宗传统的长老会基督徒，我对圣餐所持的观点，以及相关的基督论教义，都会被路德谴责为非基督教信仰。事实上，正如我上面提到的，在这套丛书的作者中，我似乎是唯一一位站在所选主题所代表的神学传统之外的作者。此外，我很少使用路德的注释或讲义来解释释经上的问题。坦率来讲，他缺乏加尔文那种对圣经文本的精确性和敏感性。既然如此，为什么多年来我多次尝试离开对路德的研究，却一次又一次地被他吸引回去？为什么长达二十多年，我每年都在大西洋两岸的本科生和研究生课程上教授他的思想？

首先，当我还在读博士的时候，我的导师，研究茨温利的学者彼 29
得·斯蒂芬(Peter Stephens)的一句评论深深地影响了我。彼得是一个高圣礼派阿明尼乌主义卫理公会信徒，他对茨温利几乎没有任何好感。然而，他告诉我说，他认为这对一名基督徒来说是很好的挑战，因为这能检验他能否用公正与热情来研究一个与自己观点完全不同的人。他说，这样一来，他可以确定自己的分析和结论并非源自为其辩护的心态。

我一直把这句话作为智者的建议，现在有机会看看我自己是否配站在我的学术导师留下的传统中。说实话，除了路德对圣礼的看法以外，我不会说自己极度不赞同路德大部分的观点(虽然这仍足以让路德视我为激进派)。即使我觉得他很有帮助，但路德不是我的传统。因此，我可以用某种反立场的方法来写作这本书。

第二，我觉得路德是新教历史上最有人情味的神学家之一。单就他的幽默而言就令我感到亲切。他临终前写下最后的话——“我们都是乞丐，诚然如此”——从一个悲喜交加的角度来检视人类一切自诩伟大和神圣的自负。在一个痴迷于推特追随者和脸书好友人数的时代,我们需要聆听这位神学家的提醒,在这世界上我们自身并不具有什么持久永恒的重要性。

第三,我发现路德试图解决人类生存的一些最基本的问题:绝望、疾病、性、爱、丧亲、孩子、敌人、危险、死亡。这些路德都论及了,并总是用不寻常的轶事、有见地的评论、富有人情味的笔触来谈论这些事。这个人没有虚假、枯燥、乏味的虔诚。他活出的基督徒生活绝对是鲜活而充满热情的一生。

第四,我觉得路德很风趣。还有谁会先描述一个女人如何用放屁的方式吓走魔鬼,然后又小心提醒听众不要模仿,因为这么做可能会置人于死命?能给出这种建议的神学家都值得我们一读。

最后,我热爱路德,因为他最崇高的追求是尊上帝为主(Let God be God)。当他这样做的时候,他就意识到,上帝的爱不是寻索那可爱的,而是创造出与其爱相合的可爱之人。

现在,让我们进入路德的生活吧。

延伸阅读

两部对路德主要著作的节选：

Dillenberger, John, ed. *Martin Luther: Selections from His Writings* (Garden City, NY: Doubleday, 1961).

Lull, Timothy F., ed. *Martin Luther's Basic Theological Writings* (Minneapolis: Fortress, 1989).

在这本书里，我引用的是标准版多卷英文译本《路德全集》(*Luther's Works*)，这套作品集最初是由耶罗斯拉夫·帕利坎(Jaroslav Pelikan)主编，现在由协同出版社(Concordia)出版(对于具体卷册的标题，请参见前面的缩写表)。

最好的英文介绍性传记：

Bainton, Roland H. *Here I Stand: A Life of Martin Luther* (London: Forgotten Books, 2012).

Marty, Martin E. *Martin Luther: A Life* (New York: Penguin, 2004).

不过，对那些真正的路德迷，最佳英文传记是：

Brecht, Martin. *Martin Luther*. 3 vols (Minneapolis: Fortress, 1985 - 1993).

一些最好的对路德神学的总结：

Kolb, Robert. *Martin Luther: Confessor of the Faith* (New York: Oxford University Press, 2009).

Lohse, Bernhard. *Martin Luther's Theology: Its Historical and Systematic Development*. Translated and edited by Roy A Harrisville (Edinburgh: T & T Clark, 1999).

最后，如果你对路德神学如何用于当今教会感兴趣，请参阅：

Kolb, Robert, and Charles P. Arand. *The Genius of Luther's Theology: A Wittenberg Way of Thinking for the Contemporary Church* (Grand Rapids: Baker, 2008).

第一章 马丁·路德的基督徒生活 31

过去是个陌生的国度，他们做事的方式不同。

——L. P. 哈特利，《送信人》

马丁·路德，这个或许要为宗教改革时期整个西方教会的破裂负最大责任的人，其家庭出身相对卑微，从这个角度，没有任何迹象表明他将来会达到如此充满争议的高度。1483 年 11 月 10 日，他出生于艾斯莱本（Eisleben）镇上的汉斯与玛格丽特·路德（Hans and Margaret Luther）家中。尽管这座小镇在路德的整个生命中没有发挥什么重要作用，但在 1546 年，当他在这儿的一间教会里讲完他人生最后一篇道不久，便在此去世了。

汉斯·路德是一位农民，然而按照中世纪的遗产法，他没有继承家族的农场。作为长子，他应当闯出自己的一片天地。他做到了，他从一名矿工成为矿场主管。由于工作需要，在小马丁刚出生几周，路德一家便离开艾斯莱本，来到了曼斯菲尔德（Mansfeld），最终汉斯由于工作出色而升职到管理岗位。

像许多辛苦工作并享受社会阶层变动的父母一样，汉斯对他的儿子寄予厚望。他决定不让年轻的马丁像自己当年那样从事繁重的体力劳动，于是送儿子去大学学习法律。就这样，1501 年，马丁离 32

开家，来到了爱尔福特大学(University of Erfurt)求学。

大学是中世纪晚期典型的教育机构。法律专业是三大最高级的专业之一，另外两大专业分别是医学和神学。要想学习法律，学生必须先学习基础文科课程，路德也不例外。因此，他接受的是当时典型的普通教育。然而，这平常的开始却被戏剧化地中断了。

那是1505年，在路德探望父母之后返回大学的路上，发生了一件改变他整个人生轨迹的事。他遭遇暴风雨，一道闪电从天而降，正劈在他旁边，险些要了他的命。今天，我们视这些事为自然现象，高空中冰晶体在大气中碰撞产生大量离子失衡而造成。在路德所处的时代，这种事情是上帝超自然的作为，暗示上帝的审判。结果，当闪电落在他身旁时，路德俯伏在地大喊道："圣安妮，救我！我愿意做一名修士！"圣安妮是矿工的主保圣人。路德当时下意识呼求的可能是他成长的家庭认为在信仰方面最重要的圣人。

所有证据均显示路德是很认真和严肃的年轻人。这样对上帝的起誓，即便是在濒临死亡的恐惧中所说的，对他来说依旧是极其严肃的事情。于是，几天后，他出现在爱尔福特的奥古斯丁修道院门口。

路德选择奥古斯丁修会，这乍看似乎意味深长。该修会承载着伟大的希波主教奥古斯丁——反对帕拉纠的战士——的名字，难道路德选择它不是出于其对上帝恩典的强调吗？这种解释不大可能。修会的名字确实取自奥古斯丁，但修会本身的神学并非纯粹的奥古斯丁主义。其实，从某种程度上讲，整个中世纪神学就是一场与奥古斯丁的对话，因此也可以说整个中世纪神学是宽泛的奥古斯丁主义。

路德决定放弃前程似锦的法律专业而成为修士，这令他的父亲汉斯十分不悦，父子关系也因此一度破裂。在现代路德研究中，精神分析学家兼作家埃利克·埃里克森（Erik Erikson）从这一点出发，认为路德的神学挣扎其实是他把与父亲的争吵投射到上帝身上。① 因此，表面上路德是在寻求与上帝和好，实际上他是在寻求与他亲生父亲和好。

福音派基督徒们倾向于摒弃埃里克森的臆测和还原论（reductionist）的观点。毫无疑问，把路德神学仅作为他个人与家人紧张关系的暗号确实具有还原论色彩，不过父子关系确实既复杂又重要。因此，汉斯反对儿子进修道院的态度给路德一生带来深远影响这种说法是合情合理的。

或许路德做出的另外一个决定才是这出父子剧中最具戏剧性的：他决定成为一名神父。修士只是修会的成员，不一定会被按立为神父，因此修士没有执行圣礼的义务以及作为教区神父的教牧责任。1507 年，路德被按立为神父，并主持了他的首次弥撒。对路德来说，这是最紧张的时刻：不仅是因为他父亲在场，而且路德也意识到，作为神父他实际上是在饼和杯中制造（making）、触碰、拿着基督

① 参见 Erik H. Erikson, *Young Man Luther: A Study in Psychoanalysis and History* (New York: Norton, 1958)。

真正的身体和血。多年以来煎熬路德灵魂的问题在这一刻变得更加炙热：清楚知道自己多么有罪的路德在挣扎，他怎么可能如此近距离地接触圣洁公义的上帝？

新教信徒们常常忘记了，路德亲身经历的对上帝之义的挣扎与他的圣礼神学无法分割。弥撒在他的灵魂里留下了难以磨灭的印象，不仅是因为他在制造上帝，还在于他后来看出中世纪的弥撒被视为行为之义的中心，只会使愚蠢之人认为他们在行善功。他并不反感中世纪圣礼的变质说（transubstantiation）；令他不安的是献祭或献给上帝某些东西的这种说法背后的含义。

1508 年，路德从爱尔福特大学被转到当时较新的维滕堡大学（Wittenberg University）。该大学于 1502 年由萨克森选帝侯智者腓特烈（Frederick the Wise, the Elector of Saxony）创办，这里将会成为路德度过余生的家。在路德后面的故事中，这所大学起到两大重要作用。第一，这是一所新大学，就其本身而言，其创办者渴望打出名气。1517 年之后，路德声名狼藉，因此腓特烈运用其影响力来保护这位充满争议的教授就不足为奇了。当时的观念与今天一样，所有的宣传手段在时机正确时都是好的。

另一个重要原因是这所院校的地理位置。它位于萨克森选帝侯直属区（Electoral Saxony）。虽然公元 800 年时，查理曼大帝已经建立了神圣罗马帝国，但是在中世纪时期帝国经历了相当大的政治变迁。1356 年的《金玺诏书》（Golden Bull）里规定，帝国皇帝必须由七位选帝侯选举产生，萨克森公爵也在七位选帝侯之列。因此当

1508年路德搬到维滕堡时，他便进入了一位帝国选帝侯的权势下，更重要的是进入这位选帝侯的保护伞之下。选帝侯的身份为智者腓特烈带来的实际政治权力和影响力超越了其领土本身的经济与军事力量。历史也证明，这也意味着路德在此地比其他所有地区都更安全。

在路德的余生中，他身兼神学教授和牧师双重角色。作为教授，他按部就班地跟随中世纪晚期神学家的标准模式来授课，先讲解伦巴德（Peter Lombard）编写的《四部语录》（*Four Books of Sentences*），然后再讲解大段的圣经。因此，当一些现代新教人士嘲笑中世纪时期人们不读圣经时，恰恰体现了他们的无知和自负。的确，在当时许多情况下，能够得到的文本是拉丁文的武加大译本，但是中世纪时期的普通教授，在他还没有足够的能力被称为神学家之前，都要注释大量的圣经，远超过当今北美任何一位神学院的教授。

1510—1511年，路德因奥古斯丁修会的事务来到了罗马。与古往今来的游人一样，参观永恒之都的旅途对他来说是一段极其震撼又矛盾的经历。除了这座城市众所周知的历史与神学地位之外，他被这座城市提供的宗教生活的环境所震撼，到处都是圣物遗迹和宗教艺术品。然而，他同样亲眼见证了与敬虔并存的腐败。教廷呈现给他奢华无度的形象最终形成了他后期对教皇的看法，这甚至成为他批判教廷的原材料。

回到课堂上，路德继续按部就班地解经，特别是《诗篇》和《罗马书》。这项常规工作对他的神学产生了主要影响——在 1512—1517 年间使他的思想发生了两大改变。第一，他改变了对罪和洗礼的看法。他所接受的中世纪神学教育认为罪是火种（*fomes*），类似一团火绒。这背后的含义就是罪是一种需要通过圣礼来解决的软弱。这种对罪的理解导致人们把洗礼当作一种对罪的抑制或暂时的修补。在洗礼之后，一旦罪再次露出头角，需要用其他圣礼来做进一步的道德诊断。可是，路德开始相信罪意味着人在道德上是死的。我们会在后面更详细来谈，但在这儿需要指出的关键是，这一思想的转变是他通过研读《诗篇》和保罗书信而得来的。这些解经上的努力加深了他对罪的严重性的理解：罪人不只是有缺点而已，罪人是死的。罪是根本性问题。罪以一种深刻而彻底的方式定义了在上帝面前的人类。这对于人性如何堕落和如何理解救恩有诸多影响。

一个直接影响就是对洗礼的理解需要改变：洗礼不再是简单地抑制罪带来的软弱和倾向。如果罪人是死的，那么他需要的就不只是洁净甚或医治；他需要被复活。因此，路德改变了对洗礼的看法，从洗礼主要表明了洗涤或洁净转变为象征死亡与复活。

对罪和洗礼的理解指向了第二种改变：路德开始以批判的视角重新评估中世纪神学中对救恩的教导。路德当时接受的教育被称为“新路派”（*Via Moderna*）。该神学传统与中世纪晚期的神学家们紧密相关，如奥卡姆的威廉（William of Ockham，1288—1347）和加百列・比尔（Gabriel Biel，约 1420—1495）。比尔对路德特别重要，因为路德肯定需要学习并且讲解过比尔的重要作品《常典弥撒》

(*The Cannon of the Mass*, 1488)。简单来说,比尔认为上帝是绝对超越和至高的存有,除了那些在逻辑上与他自己相悖的事之外,他有能力做任何他选择要做的事情。举个例子,上帝可以造出四条腿的人,但是他造不出四条边的三角形。这就是中世纪神学家们通常所指的上帝的**绝对能力**(absolute power)。 36

然而,这个世界是稳定的,包含着有限数量的事物,这就是说,上帝的绝对能力并没有完全发挥。因此,中世纪神学家们设想上帝还有一种**定旨能力**(ordained power),即上帝实际上决定了这个世界所有可能的事物。比尔将这种思想应用在救赎的教义上:上帝可以在赐下恩典之前要求人类绝对完美,但是,实际上他通过一种约(*pactum*)的形式,俯就下来赐恩典给那些"尽己所能者",凡尽己所能者,上帝不会拒赐其恩典(*facienti quod in se est, Deus gratiam non denegat*)。*

这个概念看起来很有用处。它可以用来回答路德的问题:我该如何在公义的上帝面前被接纳。答案就是:尽你自己所能做到最好。我们需要注意,从更深层面来看,人在上帝面前被接纳的基础已经从基督徒的内在品质(即实际内在的义)转移到上帝的外在宣告。我被上帝接纳不是因为我自己的善行本身多么值得上帝青睐,而是因为上帝已经决定承认这些善行是可接纳的。这个概念将在路德身上产生深刻的影响,并为他后期新教的称义观奠定基础。②

---

* 请注意,中世纪晚期的"约"与宗教改革时期的圣约神学是不同的。——译者注

② 详见第二章。

约的概念导致了一个教牧问题，如何知道何时一个人已经尽自己所能做到最好，成为一个极度主观的判断。路德在修道院的经验越发令他感到恐惧：他越是努力去行善事，就越感到自己完全没有达到这个约的最低要求。当路德把罪视为死的时候，情况变得更糟了。一个死人怎么能尽自己所能？这一点使路德的思想踏出了至关重要的一步，我们可以在1515—1516年之间他的《罗马书》讲稿中看到：路德开始认为约的条件是谦卑，是对自己彻底绝望，并完全、毫无保留地只寻求倚靠上帝的怜悯。这一决定性的改变为他随后意识到得救必要条件是信心，即信靠上帝，铺平了道路。信心的概念与前面谦卑的概念非常接近。

37 赎罪券争端

当路德经历着神学转变时，整个欧洲舞台上发生的一系列事件正悄然扩大了路德的受众，远比维滕堡大学的教室或教区礼拜堂所能容纳的多得多。教皇利奥十世（Leo X，1475—1521）所主持的罗马教会在战争和之后的圣彼得堡大教堂与梵蒂冈庞大的建筑项目中耗尽了财力。接着，在北边的德意志地区，有一位野心勃勃的大主教，即勃兰登堡的阿尔布雷希特（Albrecht of Brandenburg，1490—1545），正觊觎作为他身份标签的第三个主教职位。主教职位带来辖区的收入，也因此令人垂涎。可是教会法禁止任何人同时拥有三个职位，除非教皇特许。因此，在教皇的财政需要与阿尔布雷希特的野心抱负之间恰好形成了利益共同点。长话短说，教皇特许阿尔布雷希特获得第三个主教职位,而阿尔布雷希特则付给教皇一笔可观的款项以示感谢。为了筹集资金,阿尔布雷希特从富格尔家族(Fuggers)银行借了一大笔钱,教皇又允许他发放赎罪券,收入的半数用来还贷款,另一半直接送进教皇的金库。

赎罪券是一种教会兜售的证书,用来保证购买者或者指定受益者可以减少在炼狱里的时间。中世纪时期天主教末世观认为,当人死后,他们或者去地狱,或者去天堂,但是更有可能的是去炼狱,虔诚的人会在那里炼净他们的不洁,然后转去天堂。炼狱的概念来自于次经(Apocrypha),也出现在许多早期教父的作品中,包括奥古斯丁。在初代教会时期,它仅是个人的末世论教义;可到了中世纪末期,该教义已经与教会的赎罪系统结合起来。有两封教皇诏书(papal bull)与此有关:《唯一诏书》(*Unigenitus*, 1343)*和《我等之救主诏书》(*Salvator Noster*, 1476)。前者确立了功德库的教理,其中包括基督的功德、童贞女马利亚的功德,以及教会所有伟大圣徒的功德,这些功德可由教皇加以分配。后者把对教会的经济奉献与功德库联系起来,那些捐钱给教会的人可以享受减少在炼狱时间的末世利益。就此,赎罪券的教理基础就建立起来了。

阿尔布雷希特赎罪券的销售工作委托给了多米尼克会修士约翰·台彻尔(Johann Tetzel, 1465—1519)。虽然他不是什么敬虔之 38

* 此诏书为克莱门六世颁布于1343年,有别于另一份同名的诏书,由克莱门十一世颁布于1713年。——译者注

人，却是一位出色的推销员，他创作了许多顺口溜（参考路德的《九十五条论纲》），例如“钱币当啷落钱箱，炼狱苦魂入天堂”。他还声称就算是一个人强奸了童贞女马利亚，他的赎罪券也足够遮盖这罪。

虽然台彻尔被禁止在萨克森选帝侯直属区内贩卖他的赎罪券（因为选帝侯有自己的圣物收藏，他不希望竞争对手的存在使其失色），但对于路德来说，这是有关牧养很紧急的事情之一。路德此时已经断定，上帝的恩典是如此昂贵，必须由上帝之子亲自赴死并复活才能解决人死在罪中的境况，并且只有完全对自己绝望和随之而来在上帝面前的谦卑才够满足与上帝之约的要求，因此路德当然将台彻尔的金钱交易视为廉价的恩典。不但如此，台彻尔还向人贩卖虚假的安全感；当路德的教区成员不惜过河去萨克森公国（Ducal Saxony）寻找那位多米尼克修士推销员时，他不得不站出来表态了。

路德在 1517 年复活节期间（即 4 月）的讲道专门针对赎罪券，但随后对此问题闭口不谈。到了 1517 年 9 月，他发表了《驳经院神学论纲》（*Disputation against Scholastic Theology*），这是当年最彻底的抨击中世纪晚期神学方法论的一篇文章；但其内容并非直接针对赎罪券的问题，也没有引起多大的反响。接着，1517 年 10 月 31 日，根据学术讨论的正常模式，他在维滕堡市的诸圣堂（Castle Church）大门钉上了反对贩卖赎罪券的《九十五条论纲》。

在宗教改革的历史上，这份文件被赋予了神奇色彩，被视为触发了整个宗教改革运动的导火索。虽然其中有些闪烁的雄辩语言成为路德晚期的标识性特征，但实际上，有些内容还是模糊晦涩的。除非今天的读者对中世纪末期的神学有足够的了解，否则他们完全无法理解这份论纲的大部分内容。此外，路德在此时的态度还是比较谨慎的：他抨击的是赎罪券的滥用，剥削羊群，为敛财而贩卖上帝的恩典；至于赎罪券本身是否合法，他当时并不确定。

从某种意义上讲，这些细枝末节是无关紧要的：路德当年所抨击的问题及做法如今早已消失不见了。但重要的是形成这份论纲的神学基础：谦卑和宝贵无价恩典的神学。尽管路德当时很可能并没有意识到，他恰恰击中了中世纪圣礼系统的核心，因此也击中了教会的权力集团。在批判赎罪券的同时，路德也抨击了教会最重要的痛点：财务收入，而这必定会触发教会的回应。 39

从海德堡到马克西米利安之死

当《九十五条论纲》快速成为大众普及的小册子和反抗教廷的号召令时，教廷的反应依旧缓慢。1518 年 4 月，路德来到海德堡市参加奥古斯丁修会的一次常规例会。正是在这里，路德主持了今天众所周知的海德堡辩论，由奥古斯丁修士莱昂哈德·拜尔(Leonhard Beier)介绍一系列路德在哲学和神学上的观点。我们会在第二章详细来看这些观点。在这里，最值得注意的是，这一系列的观点表达的其实就是他在 1517 年《驳经院神学论纲》一文中的神学观点的一种回归或深化。虽然是《九十五条论纲》使路德成了重要的公众人物，但他真正考虑的神学议题远比那本小册子里所体现的更深层。

到了1518年夏天，这场辩论开始越过了萨克森选帝侯直属区的边境扩散开来，显然，教廷此时该有所回应了。可这一次，在德累斯顿(Dresden)的一间修道院里发生了一个奇怪的小插曲。当时路德受邀请来到此处参加一个派对，在派对上他喝得不少，借着酒兴开始批判托马斯·阿奎那和在神学上使用亚里士多德哲学等问题。此时在房间的幕帘后面坐着一位多米尼克修士，他把这位滔滔不绝的奥古斯丁修士所说的都记录下来。这些笔记后来被公开并且使路德背上了危险异端的坏名声。

当多米尼克修士们用下流手段捉弄路德时，教廷则着手开始正规程序。同年8月，路德被传唤到罗马。几乎可以确定，这是当时的必经程序，引发这程序的是前一年12月阿尔布雷希特控告路德。教皇又委托塞尔维斯特·马佐利尼(Sylvester Mazzolini)——他更为人熟悉的名字叫普列利亚(Prierias)——研究路德的观点并作出评价。他的研究结果被出版，名字叫做《驳马丁·路德放肆之结论》(*Dialogue against the Presumptuous Conclusions of Martin Luther*)。他自吹自擂说路德是个能力很差的神学家，他只用了三天时间就写好了这篇驳斥路德的报告。路德的回应精彩绝妙，并且显示出他本能地掌握了印刷媒体的特点。他并没有按照当时教廷的普遍做法把那本书烧毁，而是附上他本人的回应重新印刷成书，并且宣称他仅用了两天时间就写好了回应。这一局，来自维滕堡的选手完胜。

然而，罗马教廷的传唤让路德心绪不宁，他即刻写信给选帝侯腓特烈的秘书乔治·斯帕拉丁(George Spalatin)，说服他相信维滕堡的荣誉正在受到威胁，任何诉讼程序必须在德意志的土地上进行。[3] 考虑到腓特烈的选帝侯身份，又恰逢当时土耳其人在帝国东边施压，皇帝需要援助，因此，维滕堡有能力说服教廷和皇帝把处理路德一事的地点定在奥格斯堡，这就是 1518 年 10 月召开的奥格斯堡帝国会议(Imperial Diet of Ausburg)。[4]

于是，路德于 10 月来到奥格斯堡，在那里接受红衣主教卡耶坦(Cajetan)的审问。卡耶坦是一位文艺复兴时期伟大的学者，他对托马斯·阿奎那的诠释可以说是整个教会历史上最具影响力的。他负责将路德拘留候审，但是当他发现无法让这位麻烦的奥古斯丁修士改变想法时，他也明白智者腓特烈不会把路德交在他手上，因为萨克森人并不认为他是异端分子。这是意义重大的时刻：这表明未来腓特烈会忠于哪边，同时也体现出路德当时已经成为萨克森的英雄。

结果，路德平安回到了维滕堡。接下来，命运给维滕堡人发了一张制胜王牌：1519 年 1 月，帝国皇帝马克西米利安(Emperor Maximilian)去世了。这件事有着双重意义：第一，它有效地拖延了

③ 虽然维滕堡是一座小城，可路德从未与智者腓特烈见过面。二人之间的所有通信都是经过其他人之手，特别是斯帕拉丁。这使得腓特烈与路德之间有足够的距离，或者按照我们今天所说的，这叫“合理否认”(plausible deniability)。当涉及宗教改革问题时，腓特烈可以宣称与他本人无关。

④ “Diet”一词指“正式的审议性会议”，一般用于神圣罗马帝国首脑召开的正式会议。

帝国对路德一案的任何行动直等到新皇帝被选举出来；第二，它使得身为七位选帝侯之一的智者腓特烈一时变得极其位高权重。

维滕堡的改革

正当路德的剧目在教廷与帝国的政治主要舞台上演时，维滕堡
41 城里的宗教改革运动已经在制度上成型了。1518 年，在路德的建议下，维滕堡大学取消了遵循阿奎那教导的物理学和逻辑学两门课程。接着，开始招募希腊文和希伯来文的教授。这绝不仅仅是教学方法上的改变：既然路德和他的同事们开始相信圣经原文是上帝的启示，那么利用日渐流行的语言学知识，将其纳入到神学课程中就成为必需。希伯来文教席由马特乌斯·戈尔德安（Matthaeus Goldhahn）获得，他算不上天赋异禀，但至少是一位有能力的希伯来文学者。而希腊文教席则由菲利普·梅兰希顿（Philipp Melanchthon）担当，他是一位年仅二十一岁的奇才，后来成为路德的副将，而当 1546 年路德去世以后，他的神学最终导致了路德宗的分裂。

莱比锡论战

海德堡辩论之后，路德神学又一次重要的公开亮相发生在 1519 年的莱比锡论战（Leipzig Debate）。约翰·艾克（John Eck），这位多米尼克修会的领袖神学家，在赎罪券争端以前原本是路德的老相识。然而，从那以后，他便开始伺机攻击维滕堡人。1518 年，他出版了一本《方尖碑》（*Obelisks*），专门攻击维滕堡神学，而路德则出版非

公开流通的书《星号》(*Asterisks*)来回应。不过,艾克的书惹恼了路德的一位同事,安德烈亚斯·博登斯坦·凡·卡尔施塔特(Andreas Bodenstein von Karlstadt),他出版了三百八十条论纲来驳斥艾克。就算按照当时的标准来看,这部作品也相当冗赘。

作为回应,艾克向维滕堡人发出挑战,在莱比锡大学设下一场辩论。这一切发生在6月,过程戏剧性十足,路德和卡尔施塔特在一大队武装的维滕堡大学学生的簇拥下进城。他们是否真的面临人身威胁已经不重要了,这场神学辩论已经成为公众娱乐和舆论的焦点。

虽然辩论本身陷入僵局,但它却标志着路德思想的重大发展。在此之前,围绕他的争论仅集中在一些实践方法的问题,尽管这些问题背后暗含着对教会本质与其权力的批判。莱比锡辩论使这隐藏的批判变得明显,部分原因在于艾克的尖锐攻击迫使路德背后的
预设浮出水面。在辩论开始前,路德用《马太福音》16：13—19讲了 42
一篇道。这次讲道原定在诸圣堂举行,但由于希望来听道的人太多便改到大学的演讲厅里。在人头攒动的大厅里,路德阐述道,上帝施恩给一切在他面前降卑的人,并且基督所说的天国钥匙是交给所有基督徒,而非只给圣职阶层。

艾克也在现场。他听完道离开演讲厅时,便在人群中散布流言,说他刚才听到的是"彻头彻尾的波希米亚神学"。这样一来,艾克把路德的教会观与一百年前波希米亚教会领袖约翰·胡斯(John Hus)的教会观连起来,并把人们的注意力引向那里。胡斯的教会观

强调预定的重要性，因此削弱了有形教廷的权柄。最关键的是，胡斯的观点被定为异端，他本人在 1415 年的康斯坦茨会议（Council of Constance）上被定罪，死在火刑柱上。如果路德所教导的是胡斯的观点，那么他很显然也是异端，并要按照先例处置。

这正是艾克在辩论中所采取的套路，他不断逼问路德教会的权柄所在。当他宣告路德的教导被康斯坦茨会议定罪时，路德入了他的圈套，回应说康斯坦茨会议上许多正确的大公教义都被误判定罪了。他还补充道，教皇至上（papal supremacy）是相对较晚的新说法。

可以说，此时才是宗教改革运动正式开始的时刻，因为直到此时，路德之前在赎罪券和神学方法论等问题上碎片式的批判背后的真正含义才变得清晰。如果路德是正确的，如果谦卑才是开启救恩的钥匙，那么就需要拒绝整个中世纪系统，教皇就是错的。莱比锡论战使这一切都明朗起来，没有中间地带。

虽然辩论本身的结果莫衷一是，但路德却毫无疑问成为新的改革运动的英雄。

1520 年：梦想之年

从各方面来讲，1520 年是路德的神学发展最辉煌的一年。年初并不怎么顺利。1519 年夏末，查理五世（Charles V）登基为帝，这意味着教廷和帝国对路德的诉讼可以重新正式启动。不出所料，1520 年 1 月，一个由红衣主教和驻罗马外交官员组成的议会要求教皇继续追审路德。同年春天，艾克前来禀报莱比锡论战的第一手信息，他加入了一个会议小组拟定对路德的指控。

这一切都显明和平解决路德危机的可能性已经不复存在了。就在此背景下，路德着手起草他的宗教改革宣言。在1520年一年之内，他写作了三部重要的作品来描述一个宗教改革的教会应该是什么样的。这三部作品分别是：《教会被掳巴比伦》(*The Babylonian Captivity of the Church*)、《基督徒的自由》(*Freedom of the Christian Man*)和《致德意志基督教贵族书》(*An Appeal to the German Nobility*)。我们会在接下来的章节中详细讨论这三部作品，但是从传记的角度我们先来看一下它们所涵盖的主题。

《教会被掳巴比伦》是路德的圣礼观宣言。在这部作品中，路德不仅把圣礼的数目从七个(洗礼、坚振礼、圣职受任礼、婚礼、忏悔、弥撒、临终圣礼)减少到三个或者两个(洗礼和弥撒，或者加上忏悔)，他还围绕应许和信心重新建立了对圣礼的理解。路德最新发现的救恩论的背后含义，也正是艾克在莱比锡巧妙揭露出来的，现在开始重新塑造中世纪属灵观的核心——圣礼。

《基督徒的自由》是路德对称义的洞见在伦理领域的应用。在中世纪的伦理系统里，善行背后的动机并不是源自人已经知道自己在恩典之中，而是为了进入恩典或者为了维持在恩典里的地位。路德的提议完全颠覆了这一切。路德认为，正是因为基督徒的称义与行为无关，所以他可以自由地向邻舍行善，这类似亚当堕落前行善的方式。

最后，当意识到教会无法进行自我改革时，路德在《致德意志基督教贵族书》里把注意力转移到世俗掌权者身上，希望通过他们来实现此目的。他看到教会进入专属世俗掌权者的领域引起了许多混乱，鉴于此，他主张世俗掌权者应当收回原本属于他们的东西，这样就为教会恢复其纯粹属灵实体的地位铺平了道路。

这三部作品结合起来，可以代表路德对宗教改革最持久和正面的异象。可以说，他再没有以如此正面的方式来如此全面地阐述他眼里的基督教。然而，当路德忙于正面构建他的观点时，教廷发布了拟定已久的定罪书。1520 年 6 月，教廷正式颁布了诏书《主啊，求你起来》(*Exsurge Domine*)。这份诏书千里迢迢被送到维滕堡，护送诏书的人中也有这位约翰·艾克。

诏书终于在 10 月 10 日抵达维滕堡，并宣读给大学的院长彼得·布克哈特(Peter Burckhard)听。有趣的是，递交诏书的并不是约翰·艾克。他很明智地留在萨克森选帝侯直属区境外，他应该感觉到那里对他来说并不安全。事实上，诏书是莱比锡民兵送达的，这也能看出自从 1519 年的论战之后两座城市彼此的敌意。

路德应该立刻得知了诏书抵达的消息。毕竟维滕堡曾经是——今天依旧是——一座迷你小城，藏不住这么大的消息。另外，我们知道路德在 10 月 11 日写信给斯帕拉丁，告知他诏书在大学里现身。在随后几个月里，路德针对诏书所谴责的教义做了一份书面解释，并且再次重申应当在德意志的土地上召开德意志的会议来解决这个被他称为德意志教会的问题。他很会打民族牌，这使得他不至于落入教廷的魔掌中。

接着,1520 年 12 月 10 日,路德带领一群人进入维滕堡的市中心广场,并当众把诏书和教会法典付之一炬。至此他再无回头的机会了。

沃尔姆斯会议

教廷如今已经用尽对付路德的手段。开除教籍的绝罚已经是最终制裁,可是路德还是可以继续在维滕堡无拘无束地写作、讲道。于是,一个新的计划出现了。1521 年 4 月,查理五世正在沃尔姆斯(Worms)召开帝国会议,他们决定传唤路德到场。这其实是个具有争议的决定。首先,路德已经被开除教籍,这就意味着他是个不存在的人(nonperson),那么该如何传唤一个不存在的人呢?其次,路德作为反抗腐败垂死教会的人民英雄,他的名气日渐飙升,此时传唤他是一个有潜在危险的举动。不过,最终,解决路德的实际需要胜过了这些考虑,路德被传唤。于是,1521 年 4 月,路德抵达沃尔姆斯来面对他一生至此最大的挑战。

这次听证会本身是极其震撼的事件。正座上坐着年轻的皇帝查理五世,与他面对面的是这位惹是生非的修士,其宗教创新可能会毁掉皇帝的统治并最终使他被逐退位。环顾四周,在场的都是当时最位高权重的政治领袖。皇帝面前的桌子上摊放着路德所有的书籍。而路德独自站在中间,周围环绕着他的敌人,他的处境极其危险。

主持审讯路德的是另一位约翰·艾克，不如莱比锡那位约翰·艾克那么有名。这位约翰·艾克本是特里尔大主教(archbishop of Trier)家里的雇员。4 月 17 日审讯正式开始，艾克问了两个简单的问题：第一，桌上摆着的书是不是路德写的；第二，他是否愿意公开宣布这些书里的内容是错的。路德显然早就想到会有这些问题，可是他的回答却出乎所有人的意料：他表示，这些问题关乎救恩，他需要时间思考他的答复。

没人知道他为什么如此回答。也许这是萨克森选帝侯区的团队所制定的计划来给对手一个出其不意。另一个更乏味的解释是路德在面对那么强大的压力时害怕了。我们永远无法知道实情。不论如何，听证会暂时休庭，次日再继续。然而，再次面对同样的问题时，路德给予尖锐的回复：这些书籍中有一些针对敬虔生活和伦理的论述，甚至他的对手也很喜欢，因此不应该只叫他一个人撤回这些内容；有一些是批判教廷的，可是教廷的确腐败而声名狼藉，毁了许多灵魂，因此这些内容他不会撤回；还有一些是抨击那些为罗马教廷暴政辩护的人，尽管他的语言偶尔有些过激，但是根本观点是正确的，因此这些内容他不会撤回。

艾克拒绝接受这些论述。结果，在激烈的交锋之后，路德发表了他最为著名的演讲(这次演讲很可能并不是以“这是我的立场，我别无选择”这句话结束)：

除非用圣经和清楚的理由证明我有罪(我不接受教会

和议会的权威，因为他们常常彼此矛盾)，我受我所引述的圣经约束，并且我的良心被上帝的道俘获。违背良心是不对的，也是不安全的。我不能且不愿撤销任何东西。⑤

戏剧性的演讲之后，在西班牙代表团喊着要把他施以火刑的叫嚷声 46
中，路德被人护送离开了听审大厅，然而这本不应该发生。在离开沃尔姆斯回维滕堡的路上，他被一支武装部队包围并绑架走了。此后，作了将近四年教会和帝国核心焦点的路德，突然从公众视线中消失了近一整年。

瓦特堡的驻堡骑士——乔治爵士

1521 年剩下的时间里，路德隐姓埋名生活在瓦特堡(Wartburg)——一座坐落在山顶俯瞰埃森纳赫城(Eisenach)的中世纪城堡。他留长了胡须，身着骑士装束，在这里享受了短暂但相对平静的时光。他在这里患上了慢性便秘，这也成为困扰他一生的疾患。

在瓦特堡，路德着手写作许多神学作品，这些作品也见证了他思想的转变。其中，他讨论了宗教性誓言的问题，也回应了天主教神学家拉托姆斯(Latomus)的批判。前期的批判起因于自从 1521 年 5 月有些神父开始结婚，因此宗教改革领袖需要针对这一问题表态。此外，这段时间里，路德还写作了一篇维护口头忏悔的作品。当时亟需

⑤ *LW*, 32: 112.

在已存的宗教惯例和新出现的改革之间寻找平衡。

不过，这段时间里路德所做的最重要的一件事莫过于他把新约圣经翻译成德文。他的宗教改革神学不断发展，并将重点放在上帝话语这一目标上，不论是讲道还是圣礼，都是救恩的管道，因此把圣经翻译成当地语言就显得格外重要。与英王钦定版圣经对英语和加尔文的《基督教要义》对法语产生重要影响一样，路德的德文圣经为现代德语的发展奠定了基础。

此时的维滕堡，领导宗教改革的任务交给了卡尔施塔特、梅兰希顿和康拉德·慈威灵(Konrad Zwilling)。在他们的带领下，情势更加激化。卡尔施塔特在圣餐的问题上发展出一些新的观点，他更强调圣餐的话语的象征性。到了同年年底，他开始身穿乡下衣服在维滕堡街
47 头游走，在执行弥撒时只穿一件朴素长袍。此外，维滕堡的宗教领导层开始反对偶像，这导致了破除圣像的骚乱(iconoclasm)。最后彻底令人崩溃的事发生了：三个茨威考(Zwickau)人，就是所谓的茨威考三先知，来到了维滕堡。其中带头的名叫尼古拉斯·斯托奇(Nicolas Storch)。他们宣称自己被圣灵带领，有从上帝直接来的启示异象，并且把这些异象与政治和社会激进主义结合起来。卡尔施塔特和慈威灵被这三个人迷倒了；而温和的梅兰希顿在其深知灼见中并未表态，只是请求腓特烈把路德从瓦特堡召回，重新带领维滕堡的宗教改革，将这场运动带回到温和稳健的道路上。腓特烈并不需要大费口舌就被说服了，因为他不愿让皇帝过分参与他自己领土的内部事宜，而如果这种无政府主义的混乱状态胜利的话，皇帝肯定会横插一手。

于是1521年12月，路德匿名来到维滕堡亲眼观察新兴的激进主义。接着，到了1522年1月，他正式回归维滕堡，重新掌握领导权。此时或许是路德最脆弱的时刻，因为成功的关键，归根结底就是他能否规劝人民从社会改革中重新回到正确的宗教改革之路上。在接下来的几个月内，他真的做到了，他以令人震撼的方式展示出他的在场所发挥的巨大作用。茨威考三先知被赶走，卡尔施塔特和慈威灵被逐出领导层，不久便双双离开维滕堡。

与莱比锡论战和海德堡辩论一样，1522年的这次冲突可以说是路德早年改革生涯中最重要的时刻。这次冲突把圣餐象征论与社会改革联结在了一起，并深深刻在他的脑海里，这联系也有助于我们解释在与茨温利发生争执时他为何会如此盛怒。这也使他从此恨恶那些只谈圣灵而不谈上帝话语的人。因为在路德看来，圣灵是通过上帝的话语，并在上帝话语之中工作的。仅仅谈圣灵会打开主观主义的潘多拉盒子，导致他在1522年早期所目睹的各样骚动和混乱。

1525年：辉煌、喜乐、仇恨

1522年以后，路德在维滕堡的地位变得稳固。此外，经历了早年丰富多产的神学突破之后，他开始进入到稳定期，日常主要工作就是教导、讲道、牧养，这意味着他的人生再没有出现过之前那样有戏剧性的情节。然而，1525年这一年以独特的方式同样对路德的神学和声誉产生巨大影响，就像1520—1521年一样。这一年有三个标志性事件：他与伊拉斯谟之间爆发冲突；他与凯蒂(Katie)结婚；他不幸地干预了农民战争(Peasants' War)。

今天回想起来,他与伊拉斯谟的冲突是不可避免的——就算不发生在1525年,也早晚会爆发。伊拉斯谟就是那位编纂了希腊文新约圣经的人,他也因此为宗教改革提供了文本基础。他的学术智慧耀眼夺人,使他成为文艺复兴教会最刺耳的批评家。可是他的性格使他成为傲慢的讽刺者,他虽然批判嘲笑教廷,但最终还是没有逾越雷池。伊拉斯谟从来没有想过要为宗教改革冒生命危险,甚至哪怕只是牺牲职业生涯。

在路德的改革事业初期,选帝侯腓特烈曾经询问过伊拉斯谟对这个惹是生非的修士的看法。他回答说路德犯了两样罪:第一,他批判教皇的权柄;第二,他批判修士们的骄奢生活。这段评价原本只是私底下告诉腓特烈的,后来却走漏了风声,以致从此以后,伊拉斯谟不得不面对舆论压力来表明他对维滕堡宗教改革的立场。最终,1524年他在《论意志的自由》(*Diatribe on Free Will*)一书中表明了态度,其中他认为圣经对救恩中人的意志所起的作用的论述并不清晰。你可以称他的观点是不可知论,或半帕拉纠主义,或半奥古斯丁主义,这取决于你有多宽容。可以肯定的是,伊拉斯谟把矛头指向路德整个神学的概念性支柱:圣经基本的清晰性以及救恩所需的一切全然在于上帝。

当这本书寄到维滕堡时,梅兰希顿对其爱不释手。可路德读过之后却伤心欲绝:不仅因为他看到书中否认圣经的清晰性和意志被捆绑所带来的破坏性结论,同时也因为他知道伊拉斯谟作为批评家实在太有名气,他无法忽视其批判。于是便有了《论意志的捆绑》(*The*

Bondage of the Will)。这是一部名副其实的千锤百炼之作,路德对圣经、人的意志、救恩中上帝的主权等问题做出了最精彩的辩护。与他所写的几部要理问答一样,这是他本人认为值得保存的为数不多的作品之一。

1525 年的第二件大事就是他与凯瑟琳·冯·博拉(Katharine von Bora)结为连理,她也被路德亲切地称为"我的凯蒂阁下"和"枷锁"。她本是西多修会的一名修女,1523 年从尼布斯申(Nimbschen)的修道院出逃,同年 4 月来到维滕堡。路德安排修女们出嫁,但凯蒂却是个麻烦。一开始她被安置在艺术家卢卡斯·克拉纳赫(Lucas Cranach)家中。但是几次出嫁尝试失败之后,凯蒂表达了她的意愿,要么嫁给路德,要么嫁给他的同事尼古拉斯·冯·阿姆斯多夫(Nicholas von Amsdorf)。在令人尊敬的女改教家埃古拉·冯·格伦巴赫(Argula von Grumbach)的劝说下,路德有了结婚的念头,最终他接受了这个建议,并在 1525 年 6 月 13 日与凯蒂成婚。我们会在第八章详谈他们的婚姻。在这里我只想说他们非常幸福并且硕果累累。

然而,这桩婚事却成了一场公共关系的灾难。之所以这样说并非因为路德以修士的身份结婚,在维滕堡修士结婚的问题早已有定论。真正的原因在于路德的婚礼恰逢德意志农民战争期间。这是一场遍及神圣罗马帝国德意志领土的大型反抗运动。反抗者因经济原因而充满怨恨,憎恶教廷的腐败。因此,他们很自然地采用路德式的语言来谈自由,其中也有许多人(虽然不是所有人)希望路德能站出来替他们说话。起初路德还对他们心怀同情,但后来看到农民阶层的混乱和无政府状态，加之他们不顾他的建议，诉诸暴力，于是路德转过来反对他们，发表了他最为人诟病的一部作品《劝告和平——反对暴动的农民》(*An Admonition to Peace, against the Robbing and Murdering Hordes of Peasants*)。文中他呼吁贵族，不论手段如何务必镇压暴乱。这部作品和他晚期对犹太人的抨击都是路德一世英名的污点。农民们最终在弗兰肯豪森战役(Battle of Frankenhausen)中被击溃，他们的领袖们，如托马斯·闵采尔(Thomas Müntzer)等，被处死。路德在农民战争最血腥的结束阶段庆祝他的婚礼常被认为是极其麻木不仁的。

与茨温利之间的矛盾

1522年后，路德在萨克森的宗教改革慢慢稳固，欧洲其他地区也开始出现宗教改革。从路德宗的角度来看，其中最重要的人物当属在苏黎世兴起的胡尔德里希·茨温利。茨温利的背景与路德截然不同，他所受的教育是伊拉斯谟式的人文主义，他也很崇拜伊拉斯谟本人。苏黎世的改革运动与维滕堡也不相同。苏黎世当时是一座新兴的现代城市，由市议会来管理，其经济增长越来越依靠技术工人，这与萨克森选帝侯区的中世纪封建领地结构完全不同。维滕堡的宗教改革是由中世纪大学的一纸辩论论纲开始的，而苏黎世的改革则是由印刷工人们打破大斋节的禁食(Lenten fast)而兴起，印刷业也是最早期的现代工业。茨温利当时正与市议会密切合作进行一场比维滕堡更激进的改革运动(他们宣布画像使用不合法，甚至禁止在敬拜中使用音乐和歌唱)。

然而，导致路德与茨温利之间发生冲突的，是茨温利对“这是我的身体”这句设立圣餐的话里“是”这个字的理解。他认为这是“象征”的意思。这种理解似乎是他从人文主义学者霍恩(Cornelius Hön)在1524年写的一封信里借鉴来的。对于苏黎世人来说，主的圣餐是象征性的；就是说它主要是基督徒之间互表忠心，类似军人的宣誓(这正是圣礼的拉丁文 *sacramentum* 的含义)。如果说基督在圣礼当中的话，那他只能以属灵的方式临在。

对路德来说，这种观点简直是毒药。这让他回想起卡尔施塔特对圣餐的属灵式理解，因此也使他联想到更激进的态势。此外，茨温利把基督真实的临在从饼和杯中抽离出去，这对路德来说就等于把福音拿走了。饼和杯不再是上帝借着基督喂养他百姓的蒙恩管道，而变成了信徒为上帝和为彼此而做的事。用路德宗的说法，茨温利把福音拿走又把圣餐变成律法。

自1527年起，路德和茨温利二人就开始通过出版宣传册进行激烈的论战。新教内部分裂是谁都不希望看到的，而北部路德宗的王侯与南部瑞士的改革宗之间彼此联盟的可能性也很有吸引力。于是，1529年，在黑塞亲王菲利普(Landgrave Philip of Hesse)劝说下，双方在马尔堡(Marburg)城堡中举行神学对谈，希望产生一份双方认可的信仰告白来为政治军事联盟提供基础。

马尔堡对谈(Marburg Colloquy)的出场阵容可谓是引人注目。其中包括茨温利、杰出的教父学者厄科兰帕迪乌斯(Oecolampadius)、热心推动合一的布塞(Martin Bucer)、梅兰希顿，当然还有路德本人。

整个协议里总共有十五条内容，双方在十四条半上都达成共识，可是那未解决的半条却是决定性的，那就是圣餐礼中基督临在的性质。结果联盟无望，路德激烈地宣称茨温利是出于另外一个灵，也就是在说他不是一个真信徒。这次马尔堡对谈的破裂标志着从此
51 新教分成路德宗和改革宗两支，此破裂状态一直延续至今。

1531 年，茨温利在卡佩尔（Kappel）战死沙场，消息传到了路德的耳中，他的评论简明扼要："凡以刀剑为生者必死于刀剑之下。"直到路德去世，他都视茨温利为邪恶的狂热派的缩影。

导致马尔堡会谈失败的另一个原因是德意志的路德宗各王侯内部正在慢慢达成军事联盟，这势必减轻了他们寻求与瑞士人联盟的压力。在 1530 年的奥格斯堡帝国会议之后，德意志内部联盟形成了施马加登同盟（Schmalkaldic League）。

皇帝查理五世曾经要求路德宗各王侯提供一份信仰告白。这份信仰告白由梅兰希顿草拟，就是后来人们所熟知的《奥格斯堡信条》（Augsburg Confession），或按拉丁文称为《奥古斯塔纳》（*Augustana*）。这份信条在帝国会议上被呈给查理五世，那次会议路德并没有到场，而是被扣押在科堡（Coburg）附近的城堡里。毕竟，当时从帝国官方的角度来讲，他是一位流亡者，如果他出现在奥格斯堡，那将是对皇帝的冒犯，也更有可能是对自己宣判死刑。在帝国会议上，皇帝拒绝签署这份信条，但路德宗各王侯和城市代表都采纳了它。这份信条为黑塞亲王菲利普在 1531 年建立的军事联盟——施马加登同盟——提供了部分基础，而这联盟也保护了路德

宗教会在其领土内的安全，一直到1546年路德去世。

晚　年

从各方面来讲，路德一生最后的十五年都没有1517—1531年这段时间那么激动人心。由于军事同盟的存在，路德宗教会至少暂时安全，路德本人也被保护得很好，可以自由地继续他的改革事业。经济问题一直如影随形地伴随路德一家。他和凯蒂接待学生为租房客，有时也在城里做园丁贴补家用。我们应该知道，做宗教改革领袖并不一定是个飞黄腾达的职业，甚至连路德也没有摆脱惯常的经济困难，这也是各个时代牧师们普遍的困扰。

这段时期最可惜的大概是路德的作品中开始渗出苦涩。诚然，改革伊始，路德对整个改革运动的期望很高。从中世纪晚期传统的末世论的视角来看他当时所处的时代，路德认为宗教改革运动是整个基督再来前的末世大复兴。可是到了16世纪30年代，这些希望都破灭了。罗马并没有倒塌，反而从40年代开始，罗马天主教出现了复苏的前兆。而新教内部却开始分裂，不仅是简单的路德宗与改革宗对垒，还出现属灵派(spiritualists)和重洗派(Anabaptists)等分裂元素。情况不再像1520年时他所看到的那样激动人心和精彩；堕落世界里的冷酷现实不断扑压在他身上，他也感受到自己不过是个必死的凡人。 52

路德晚年有两件事玷污了他的名誉。第一件事甚至有些滑稽。黑塞亲王菲利普的名字在路德的一生中不断出现，是他的高瞻远瞩促成了马尔堡对谈，也是他在背后促成了施马加登同盟。按照今天人们婉转的说法，他是个“有个人问题的人”。当他第一次在沃尔姆斯帝国会议上与路德相遇时就已经有了苗头。当路德来到沃尔姆斯时，菲利普亲王是最早来找他的人之一，而当时他并没有转向宗教改革。是路德在《教会被掳巴比伦》中的一句话引起了他的好奇心，大意是嫁给患有性无能丈夫的女人可以选择再婚。

这句话也许可以描绘出 1539 年的一系列“问题”。1523 年，菲利普亲王娶了萨克森的克里斯蒂娜(Christina of Saxony)为妻。他们有七个孩子，但是婚姻从各个方面讲都不幸福，而且菲利普亲王常常拈花惹草。不检点的行为使他染上了梅毒，也使他的良心不安，以致他很少参加圣餐。接着，到了 1539 年，他爱上了一位萨克森贵族家里十七岁的女儿玛格丽特·冯·德·萨勒(Margaret von der Sale)。为此他去找布塞、梅兰希顿和路德寻求建议与帮助。最终，梅兰希顿提出建议，另外两位也都赞同，就是菲利普亲王可以直接和这位女孩秘密结婚，而这个消息则以忏悔的形式被保密。简言之，在这个改教家们认为的特殊状况下，他们支持亲王重婚。婚礼在 1540 年 3 月举行，梅兰希顿和布塞也在见证人之列。

当然，三人死二人，秘密能保全，这是公认的真理。最终纸包不住火，这件事从菲利普亲王的姐姐罗利茨伯爵夫人(duchess of
53 Rochlitz)的口中传了出去。结果一发不可收拾，成了令公众愤怒的丑闻，虽然看起来很像典型的罗马天主教诋毁宗教改革惯用的宣传手段——宗教改革是为了在社会上开放性放纵的通行证——不过这次是真的。尽管梅兰希顿在此事件中参与最多,但却是路德的名誉遭到最严重的损害。

第二件至今仍然影响路德名誉的事就是他日渐增长的反犹倾向。1523 年时,他写了一部在当时看来非常进步的作品《耶稣基督生为犹太人》(*That Jesus Christ Was Born a Jew*)。在这本小书中,路德一反当时流行的观念,鼓励基督徒关爱犹太人,做他们的好邻舍,好为传福音搭桥梁。

然而,到了 40 年代初期,犹太人给路德带来了困扰和烦恼。众人皆知,他又写了一部有关犹太人的重要作品《论犹太人及其谎言》(*On the Jews and Their Lies*)。这部作品表明了路德对前作的否定和对当时标准的回归,但比当时典型的方式更暴力和充满仇恨。这部作品鼓励诛戮并因此不断饱受诟病,这正是 20 世纪 30—40 年代纳粹宣传的主题,也是今天反犹主义的共同特点。毫无疑问,这反映了路德的成熟观点:1546 年他在艾斯莱本讲的最后一篇道里也包含了反犹内容。

我们无法在这里讨论路德和犹太人的问题。我个人的观点可以在《历史与谬误》(*Histories and Fallacies*)一书中找到。⑥ 不过有两点需要说明。第一,路德晚期对犹太人态度上的转变表明,就算是最伟大的人也会在某些问题上有灾难性的盲点。第二,当评价一

⑥ Carl R. Trueman, *Histories and Fallacies*: *Problems Faced in the Writing of History* (Wheaton, IL: Crossway, 2011).

位历史人物的生平时，我们绝不可为了塑造一个鼓舞人心的形象而忽略或排除他身上的问题。路德相信，在基督之外，他自己是死在过犯、罪孽和毫无希望的邪恶之中的人。而他对犹太人的态度恰好印证了他对自己的看法。

路德之死

1546年1月，路德去他出生的地方调解当地伯爵之间的纷争，更主要是因为凯蒂的焦虑，她很担心路德的健康——她的担心后来也证实确实有道理。在艾斯莱本期间，路德讲了四次道，最后一次若不是在2月14日（他同时又按立了两名牧师）就是在15日。随行的助理约翰·奥利法博（John Aurifaber）在2月16日把路德的讲道抄在一张纸条上，著名的结束语这样写道："我们都是乞丐，诚然如此"。前半句是德文，后半句是拉丁文。2月17日，路德感到身体不适，无法办理任何事情。次日，他在众多朋友的陪伴下离世了。临终前，他重申了对福音的信靠，他的遗言是复诵三遍《诗篇》31：5：

> 我将我的灵魂交在你手里。
> 耶和华诚实的上帝啊！你救赎了我。

这是最典型的新教信徒结束生命的方式：单纯的对上帝话语的信心——无需临终傅油，无需最后的仪式，也无需临终弥撒。在去世前一个主日，路德已经领过了圣餐，这就足够了。事实上，他自己去世的方式正体现了他自己是如何改变了牧养关怀，甚至改变了临终的敬虔。

遗憾的是，那个路德一生最伟大的个人奖品，那位让他打破独身誓言的心爱女人，没能在他身边。当得知这消息时，凯蒂心碎欲绝，她为无法在路德生命的最后时刻安慰他而深感悲痛。不过他已经死了，就像她也将死去一样，然而他们心中安然，因为知道自己已经与基督联合并会在将来再次重逢，那时他们将参加一场盛大的婚筵，比多年前他们自己的那场婚筵更盛大。

总结思考

像马丁·路德这样的人物，人们倾向于要么把他塑造成英雄，要么塑造成恶棍。在宗教改革的争端中，利害关系错综复杂，新教和罗马天主教都以路德来定义自己的身份，因此人们很容易陷入一种非黑即白的错误，不论从道德还是神学上，常以过分简单的方式来描述路德。然而，以上对其一生的概览不仅表明他的人生经历与神学之间的关联，也表明路德人性的矛盾与失败，这也属于他的所是、所行。伫立在沃尔姆斯会议大厅的路德是雄伟的；而其晚年对犹太人的态度又令人失望。我们到底该如何看待他？

55 我相信，答案其实很简单：我们应该把他当作与我们一样的人来看待。也许有人会发现，像所有人一样，路德的长处恰恰也是他的短处。他的固执与倔强，以及对认准的事绝不松口的性格，使他可以在1521年沃尔姆斯会议上与教廷、帝国二合一的强权对峙，又在1522年坚决地把维滕堡的激进分子撵走。然而，他这种性格特点也造成了他对犹太人的傲慢无礼。看到一个人在某些方面的优点，也会成为另一些方面的缺点，这也是我们每个人都能从路德身上学到的功课。

而从更深层的神学角度来看，我们同样应该把路德视为与我们一样的人，他也在那些作为人、作为基督徒最深刻恒久的问题中挣扎。我该去何处寻求那位满有恩典的上帝？恩典是什么？在哪里才能找到恩典？在哪里才能找到真正的幸福？我该如何与世俗世界建立联系？我该如何把每日乏味的现实与我的信仰相关联？我该如何面对亲人离世？我该如何面对我自己的死亡而不致完全被忧愁吞没？路德的一生充满了这样的问题。而他的神学就是面对这些问题长久的思考与感悟。这也是我们现在要思考的。

57 第二章　神学家、祭司和君王

我要的只是堂堂正正地踏进家门。

——乔尔·麦克雷，《午后枪声》

海德堡辩论

在第一章里，我曾简单地提到，路德因着呼吁讨论赎罪券问题一时成为争议人物，接着，在1518年4月的海德堡举行的奥古斯丁修会的会议上，他有机会正面阐述自己的神学观点。按照常规方式，路德在会议上主持这场辩论，由他的同事莱昂哈德·拜尔来做辩护，而论纲则是路德事先准备好的。

这次事件后来被称为海德堡辩论，可以说它是奠定了后来路德宗的神学基石之一。辩论包括40条论纲，前28条是神学性的，后12条是哲学性的，特别涉及亚里士多德哲学对基督教神学的损害。从诸多方面来看，这些论纲扩展并细化了1517年9月出版的《驳经院神学论纲》一书中所勾勒的观点。

那天神学辩论的核心是路德所提出最著名的异议之一，对他整个
58 神学观具有基础性的重要意义：荣耀神学家与十架神学家之间的区分。他从第19条开始提出这一观点，但在我们理解路德高深莫测的

语言之前，需要先明白它在整个辩论中的位置。这一点非常重要。

路德以讨论上帝律法的作用来开始他的辩论。前两条论纲奠定了基础。他提出上帝的律法是好的、有益的，但是它不能带领人类走上拯救之路（第 1 条），善行更不能达到这个目标（第 2 条）。这两条总结了路德新的神学信念，它源自于路德之前多年对保罗书信的研读。上帝是公义的，而他的律法是他圣洁属性的体现，可是人无法使自己在上帝面前被接纳。接下来路德以这两点为基础得出两个认识论上的结论：人的善行看起来很有吸引力，但却“可能是致死的罪”（第 3 条）。路德的意思是，在我们看来善行配获得上帝的接纳，但实际上在上帝看来却是肮脏的破布。我们对善行价值的认知与其实际情况之间存有差别，这指向人类知识的道德本质。反之亦然，上帝的善工在人类看来是罪恶的，但实际上在上帝看来却是大有功德（第 4 条）。

第 5 条从表面上看很令人费解：“人的行为（我们指那些明显的善举）并不是致死的罪——仿佛它们是罪行。”[①]路德在论纲证词里解释这一条，他说在上帝面前谴责我们的那些致死的罪，并不是我们所想的诸如奸淫或谋杀等令人发指的行为，而是从有罪的内心流露出来的任何行为，哪怕是那些看起来是善的行为。[②] 路德不仅深

---

① *LW*，31：39.（本书引用的《路德文集》第 1 卷和第 2 卷，中译主要参考上海三联书店 2005 年版，个别地方有修改或重译。以下不再另外注明。——编者注）

② *LW*，31：45. 在中世纪神学里，致死的罪（mortal sins）是指那些严重而故意违背上帝律法的罪，可以导致基督徒从恩典中失落。这些罪包括拜偶像、凶杀和奸淫。可宽赦的罪（venial sins）是指那些不会导致失去恩典的小罪，例如散布流言等。

化了对罪的理解，同时也指出以人为主体的认识论的严重堕落。可以说，路德是在强调我们人为自己所造的各类神学都是虚假的，因为都没能正确理解人堕落状态的严重性。第 6 条论纲更加强化了这一观点：上帝借着人所成就的工作并不算是人的功德。

59 这句话对路德成熟的新教神学意义重大。在新路派的神学体系里，尽己所能者获得恩典的基础在于情谊功德（congruent merit）而非义理功德（condign merit）。* 那么，对路德来说，上帝借着人所成就的工作，从严格的义理性角度讲，永远没有功德价值。他的论纲证词里解释道，人类就像生了锈的钝器，不论工匠多么高超，用这样的工具做出来的东西必然有缺陷。③

第 7 条至 12 条进一步详细讨论致死之罪，尤其是它与人对善行的态度和理解之间的关系。路德指出的关键点有些吊诡：我们认为不是致死之罪的行为恰恰是致死的。从这里我们开始看到路德神学不变的主题：对自义的恐惧。这与他的谦卑神学一致：如果说唯有当我们完全对自己的行为绝望，并完全谦卑地把自己投靠在上帝的怜悯中才能与他和好的话，那么我们对自己行为的态度是衡量我们是否真谦卑的重要指标。真基督徒活在一种强大的张力之下：对公义圣洁的上帝的敬畏是理解我们自己善行之不义的核心。第 12

---

* 功德或功绩（merit）指人的道德行为从上帝获取奖赏的价值。义理功德指完全达到上帝公义的功德，其价值以正当方式配得奖赏；情谊功德指未达到公义要求的功德，其价值本身无法正当得到奖赏，但基于上帝情谊的慈悲和立约的许诺而获得奖赏。——译者注

③ *LW*, 31: 45.

条让人联想到一句古语："智者自知一无所知。"而这也体现了路德对行为的理解：当人们惧怕自己所犯的致死之罪时，这些罪在上帝眼中反而是真正可宽赦的。④

第13条至15条里，路德以抨击自由意志的概念来为之前所论提出概念框架。路德相信堕落后存在自由意志，但只是在行恶的范围内。人类的意志没有主动行善的意向，只能是被动的。就像尸体无法主动转向生命，我们也无法主动转向上帝。这也改变了他对洗礼的看法：如果洗礼是洁净，那么受洗者就存在某种主动转向善的本质。可是，如果洗礼是关乎死和复生，那么受洗者就像拉撒路一样完全被动倚赖上帝单方面的主权行动。路德相信这才是保罗教导的。

到了1525年，这也构成了与伊拉斯谟论战的一部分。路德以 60
他神学辩论的杰作《论意志的捆绑》回应了伊拉斯谟的《论意志的自由》。我们之前提到过，这本书与他的两部要理问答一起被路德视为他最值得留给后世的作品。他还在其中隆重致谢伊拉斯谟，称他是唯一真正抓住整个宗教改革神学的根基并在此关键问题上交锋的人。⑤ 因此，重要的是，我们要理解意志捆绑对路德整体神学构造

---

④ *LW*, 31: 40.

⑤ "此外，你也不像其他人，因为只有你攻击了真正的关键问题，就是争论中问题的本质，而且没有用关于教皇、炼狱、赎罪券以及类似的鸡毛蒜皮之事（因其并非基本问题）的枝节问题来烦扰我，几乎人人都曾以这类事来猎杀我，但却徒劳一场。你，只有你才看到了决定每件事的关键问题，并且对准了重要目标；我要诚挚地为此而向你致谢。"（*LW*, 33: 294）

的重要性。

理解堕落后意志被捆绑是理解基督徒得救确据的基础，如果说救恩，哪怕只有一丁点儿，是出于我们自己这样软弱、有罪、优柔寡断的罪人，那么我们如何能确定自己得救呢？回到海德堡辩论，意志捆绑这一要点再次巩固了路德至此所论述的有关善行的内容，实际上更将其强化：善行是不可能的，不但因为我们意志被污染败坏了，更是因为我们的意志完全被捆绑在罪里。

这导致路德写下了直至目前最引发争议的一条论纲，第16条："凡相信尽己所能就可以获得恩典的，只是罪上加罪，犯下双重的罪愆。"⑥

路德以这条论纲攻击了他的中世纪老师们教授的神学。路德在这里使用的语言很清楚与加百列·比尔所讲的"约"的神学以及新路派有关联，而路德得出的结论攻击性极强：这种神学使人类原本罪恶的状况更加恶化。在这一点上，没有任何妥协或得出不同结论的可能：路德把自己的立场表达得很清楚，这也使他在对峙时无处可逃。接下来，他处理了可能由此导出的错误推论，他说上述说法不会叫人绝望（第17条），而是为叫人达到对自己的能力绝望的谦卑，而这种谦卑正是领受基督恩典的前提条件（第18条）。

由此，路德便点出他最著名的荣耀神学家与十架神学家的区
61 分。简言之，这个区分取决于对救恩的理解，而对救恩的理解中又

⑥ *LW*, 31: 40.

包含了各样教义真理。第一,他加深了对罪的理解,认为罪等于在上帝面前的道德死亡,正如上帝圣洁的律法显明给我们的。第二,意志对救恩而言是完全无能的。第三,拒绝这些基本真理是道德问题,更加重在上帝面前的罪愆。

两种神学家

在这个背景下,路德开始引进他最著名的神学区分之一:

> 19. 那把上帝不可见之事物当作可参透的、如同日常发生之事的人,不配称为神学家。[罗 1:20]
>
> 20. 然而,那透过苦难和十字架来理解上帝可见且显明之事物的人,才配称为神学家。
>
> 21. 荣耀神学家称恶为善,称善为恶;十架神学家正确道出事物的真相。[⑦]

这些论纲背后的神学非常丰富,是思考路德神学的起点,也对了解他的基督徒生活观有特殊的含义。首先,我们需要留意,虽然"十架神学"这个词,或者其拉丁文 *theologia crucis* 在讨论路德时常常出现,但他在这儿提到的并不是一个抽象的十字架**神学**。其实,路德说的是十架**神学家**和荣耀**神学家**。这就提醒我们,路德提出的

---

⑦ *LW*, 31: 40.

不是一些可以缩减到知识技术或方法层面的东西。神学是真实有血肉的人们的思想,因此神学也构成了人自身的存在。神学(即进行神学思考的行为)和人类学是不可分割的。

在详细讨论这一点之前,我们需要简单指出路德这一区分背后的神学论点。第一,神学基于上帝对自我的启示。从神学的客观来源来讲,这一区分取决于神学家如何识别对上帝的认知的来源。荣耀神学家的错误就在于把这个世界表面上显现的当作就是对上帝的认知的来源。

62

我们会在后面提到,这一点明显与路德的称义观相关联。显然,我们身边的世界的运作方式是建立在对等原则(reciprocity)的基础上:行善者得奖赏;作恶者受惩罚。因此,当荣耀神学家把世界的运作方式当作理解上帝作为的基础标准时,他们就假设人与上帝之间在关于救赎的事情上存在同样的原则。简单地讲,如果我想让上帝以仁慈待我,那我就必须做点好事来赚取他的青睐。

与此相反,十架神学家对上帝的认知源自于定睛上帝在他所选择的地方如何启示他自己。这一点,路德与新路派神学有明显的连续性。中世纪晚期的唯意志论(voluntarism)强调,从人类视角来看,上帝的意志决定了上帝的行动。这是认识论上的重要发展,因为它维护了上帝行动的他性(otherness)。从人类知识的角度讲,在上帝启示自己如何行动之前,人类无法预测上帝的行动。因此,在理解救恩时,路德强调的是我们所谓的特殊启示(special revelation),他的观点是建立在自己所接受的中世纪神学训练之上:如果你想知道上帝如何行动，那就必须定睛在上帝如何启示自己将来的行动。

然而，尽管路德的观点是建立在中世纪晚期对启示的强调之上，但他超越了中世纪的神学教师们；他从两个方面强化这一点。第一，在前面的论纲里他很清楚地指出，这两类神学家的区分不仅是认识论层面的，也是道德层面的。其实，我们可以说路德把认识论变成了道德议题。路德认为罪导致道德死亡并进而引发道德捆绑，任何看罪的严重性轻于路德观点的，都是罪上加罪。任何人若不对自己绝望反认为尽己所能会使上帝赐恩，实际上就是罪恶悖逆地自欺。这里，路德的神学与保罗在《罗马书》1 章所说的联系起来。对他的中世纪老师们来说，有关上帝的知识从本质上讲是个认识论的议题：由于上帝的全能，从人的角度看他似乎不可预测；因此，上帝的自我启示约束他必须以某种特定状态向我们显现。在这种观念里，罪之道德危机并没有造成多大的影响。但对路德来说，我们必须定睛在上帝自我启示的原因并非单单在于其明显的不可预测性，还因为事实上人类死在罪中，甚至倾向于创造一个符合自己期望的假神。 63

路德超越他的中世纪老师们的第二个方面很明显：他把上帝的启示聚焦在基督的十字架上。当然，路德并非把上帝的启示缩减到只剩十字架而其他地方都没有启示，而是把十字架作为福音神学里重要的基本准则，必须基于十字架才能完整地理解上帝的启示。上帝亲自降卑，取了肉身，用世界上卑微的方式承受痛苦的死亡，这事实本身有力地启示了上帝自己到底是谁以及他是如何行动的。挂在十字架上的基督构成了那位向堕落人类显现的上帝的真实身份。此外,路德通过把十字架放在中心位置,强化了对上帝的知识是道德议题这一事实。对他来说,认识论无法从认知行为主体的道德立场抽象出来。简言之,本着保罗的教导,路德把神学视作个人基本道德取向的一种功能。

我们可以注意到路德在海德堡辩论中所说的与保罗在《哥林多前书》里的教导特别一致。保罗在那里呈现的十字架是全人类道德与认知的测试,对十字架的不同回应把全人类分成两个阵营。犹太人看十字架是罪行,希腊人看十字架是愚拙(林前 1:23),这实际上正显明了他们的心和他们对耶稣基督及其福音的态度:他们必灭亡,因为他们没有看到十字架的本质乃是上帝拯救的大能(罗 1:16)。他们对十字架不同的诠释无疑都是基于自己的文化背景,这些文化背景只能解释他们观点的具体细节,但无法为这些观点辩解,使其相对化,或使之合法化。他们最终还是会灭亡。简言之,当上帝已经自我启示时,犹太人和希腊人均以自己独特的方式拒绝上帝;反之,他们要求上帝必须符合他们自己的文化标准。以十字架为起点接受它就是上帝所宣告的上帝拯救的大能,而并非按其表象所示视之为污秽罪人的死刑,只有这样的人才会得救。

64 这一区分对路德来说有神学上和生存上(existential)的双重含义。神学上,它要求人们根据十字架来彻底反思神学语汇。这就是第 21 条论纲所讲的,路德在这里玩了个善和恶的文字游戏。荣耀神学家似乎称事物如其所是,因为他有罪的本性使他只能在这个世界所运转的意义准则的限度内来活动；但十字架与这些准则相矛盾，因此，当谈及上帝及其行动时，需要用反直觉的方式来使用标准语汇。路德在第22条论纲里击中要害，他称这种神学错误的源头在人性根本的罪性和悖逆。⑧

不论是荣耀神学家还是十架神学家，他们都是用语言来表达自己的信仰。路德认为这些语言背后的概念需要从上帝在耶稣基督钉十字架的启示中来定义。例如，当讨论"权力"一词时，荣耀神学家会把上帝的权力当作是与君王的权力类似的事物：强大而具有压迫性。而十架神学家则给这个词不同的定义：权力在软弱中显明。再或以"智慧"为例，荣耀神学家从世界设定的标准来理解智慧，比如视其为玩转某系统所需的才智或知识。而十架神学家则以道成肉身的上帝挂在十字架上的软弱和破碎来理解智慧：这相悖于全世界所有智慧人所预期的至高权能创造主的形象。提到"义"的时候，荣耀神学家会把它解释为一种由善行构成的外在可见的品质，而十架神学家则在本是无罪却为他人成为罪的那一位身上看到义。荣耀神学家视生与死彼此对立，人们需要尽量避免死亡，而十架神学家则认为死亡实际上是通往复活的大门。

晚年之际，在注释保罗的《加拉太书》时，路德写下了这么一段话：

---

⑧ "22. 认为人可透过表象来洞悉上帝隐藏之事物，这种智慧完全是自大、盲目和刚硬。"(*LW*, 31: 40 - 41)

真正的基督教神学，就像我常常提醒你的那样，并非在上帝的威严中将他呈现给我们，好像摩西和其他的教导那样，而是呈现给我们那位由童贞女而生的基督，我们的中保和大祭司。因此当我们对阵律法、罪和在上帝面前的死亡时，最危险的就是以我们无益的空想误闯入天堂，探
65 究上帝那不可透知的权能、智慧和威严，询问他如何创造世界又如何治理它。如果你尝试用这种方式来认知上帝，向他献上基督中保之外的赎罪祭，把你自己的善行、禁食、修士服和剃发当作上帝与你之间的中介，你必将如同路西法一样坠落[赛 14：12]，在可怕的绝望中失去上帝和一切。因为上帝在其本性中是无垠的(immense)、不可透知的和无限的，所以他对人的本性来说是无法承受的。因此，若你想保全你的良心和救赎而远离危险，就要禁止这种思辨空想的灵。按照圣经教导你的方式去把握上帝[林前 1：21，(23—)24]："世人凭自己的智慧，既不认识上帝，上帝就乐意用人所当作愚拙的道理拯救那些信的人；这就是上帝的智慧了。我们却是传钉十字架的基督，在犹太人为绊脚石，在外邦人为愚拙；但在那蒙召的，无论是犹太人、希腊人，基督总为上帝的能力、上帝的智慧。"因此，从基督开始的地方开始——在童贞女的腹里，在马槽，在他母亲的怀中。他为此而降下，出生，在世人中间生活，受苦，被钉在十字架上，死去，好叫他以一切可能的方式将自

己展现在我们眼前。他要让我们的心定睛在他自己身上，并借此防止我们攀爬到天上窥探上帝神圣的威严。⑨

这一段其实就是十架神学家概念的扩充和详述。离开基督的肉身，上帝在他的威严里是一位令人战兢、邃不可知、大有权能的上帝，在他面前，堕落的人类无法站立。不敢来到上帝面前的恐惧来自于试图在律法的基础上与上帝建立关系，这是在上帝完美的公义和不加遮盖的权能下接近他。道成肉身的想法就变得极其愚蠢，因为这与人们对一位权能、可畏的上帝所怀的期望完全相反。然而正是在此——在人类肉身的软弱中，尤其是在这软弱的最高峰，十字架上痛苦的死亡中——上帝以满有恩典、温柔、怜悯的方式来靠近他的百姓。

正是在这里路德发现律法扮演了重要的角色；律法——上帝圣洁的表现，一个任何有罪之人都绝对无法达到的标准——本是好的、必要的，因为它提醒我们人的有限和无能，任何人都无法靠自己的力量追求上帝。路德在海德堡辩论里很清楚地表明这一点。不论是思想还是行为，人类都无法与上帝等量齐观，而律法的工作就是把这一事实持续不断地摆在我们眼前；并且只有在十字架的语境下人们才能正确理解这一点(第 23、24 条)。 66

在讨论路德用十字架作为神学语汇标准而产生的最伟大的神

⑨ *LW*，26：28－29.

学再定义之前,我们应该注意到,这对信徒的生活来说,不论从生活的期待还是经历,都意义重大。我们会在后面的章节中再谈,但现在重要的是我们要理解,海德堡辩论中的神学不仅仅蕴含着基督徒认识论的道德性,也包含着基督徒生活全部的本质。

对上帝之爱的再定义

路德由十字架而产生的激进的神学语汇再定义无异于意义的翻转。这在最后一条神学论纲里尤为明显。虽然两种神学家的区分一直紧紧抓住后代人的想象力,但是最伟大的一条论纲,整个海德堡辩论神学的顶峰,可以说是第 28 条:"上帝之爱并不是寻找自己喜悦的事物,而是创造所喜悦的。人之爱是因遇见令自己喜悦之事物而引发的。"⑩就在这条之前,第 25、26 条论纲预示了路德对因信称义的成熟理解:遵行律法远远不足以使我们与上帝和好,这与单单通过信心依靠上帝的话形成反差。⑪ 接下来是第 27 条,这里阐述了基督的工作是一种主动的工作,因此我们在救赎里的工作应当被视为被动的、已经完成的工作。这就为上帝之爱的那条论纲做了铺垫。

荣耀与十架的对照加强了人之爱与上帝之爱之间的区别。路

---

⑩ *LW*, 31: 41.

⑪ "25. 人非因多行善才是义的;然而那不靠行善、只深深相信基督的人,才是义的。26. 律法说:'如此行',却永远无法完成。恩典说:'如此信',一切都已成就。"(*LW*, 31: 41)

德说，人之爱是反应性的：它在回应那些有内在吸引力的客体，是客体把这种爱引出来。换句话说，人之爱被那些首先展示出其可爱性的事物吸引。当一位丈夫回忆最初与妻子坠入爱河的时刻，他会想起当时看到了这个女人身上某些有吸引力的东西——也许是她的美貌或者有魅力的个性——因此他的心被吸引去爱她。他所爱的客体里存在某种东西先于他的爱以及他被其吸引这一事实。这就是人之爱的基本动态；但是我们必须记住，上帝在十字架上的启示翻转了这个人类逻辑。

因此，与此相反，上帝之爱不是反应性的，而是创造性的：上帝不需要寻找值得爱的事物再去爱它；事物之所以可爱是因为上帝先用他的爱来爱它。上帝不是观察有罪的人类，在人群中寻找那些比其他人更公义或更圣洁的人，然后再被他们吸引。相反，十字架教导我们，上帝拣选那不可爱的、丑恶的、不义的、没有救赎价值的，把他在基督里丰盛的救赎之爱加在其上。

可以说，路德再也没有写过比第 28 条上半句更深刻优美的语句。它包含了路德成熟神学的雏形。例如，考虑到他对人类意志无能的立场（已经在前面的论纲中表明），从神学上讲，必须由上帝采取主权的、单方面的主动救赎行动。这条论纲正是以反对帕拉纠的立场定义了上帝之爱的内容。神学家们常常用某些抽象的方式来表述上帝的主权和预定。而在此，路德用非常个人性的方式所阐明的上帝之爱的教义，为这两点提供了框架。

称　　义

最经常与马丁·路德的名字关联起来的教义就是因着恩典借着信心称义。我们在第一章已经谈过，路德个人的生活经历，他对圣经(特别是保罗书信)的研习以及整个欧洲教会的大背景，所有这一切结合起来，把这位无名大学里的无名德意志修士兼教授推向了那个时代整个教会舞台上演的剧目中心。而这出戏的教义核心就是他的称义观。

在中世纪神学的理解里，称义(justification)是一个过程，通过基督本身的义分赐(impartation)使人连接到由教会圣礼带来的恩
68 典灌注(infusion of grace)，由此不断地在义上成长。* 因此，称义只不过是整个大结构里的一小部分。严格来讲，在 1547 年特兰托公会议(Council of Trent)第六会期宣布此教义法令之前(此时路德已经去世一年)，路德在称义的问题上无法被称为异端。因为在此之前，在路德整个一生过程中，教会实际上并没有针对此教义的官方立场。路德的教导被热议了多年，原因在于他认为称义是上帝的神圣宣告，这削弱了圣礼的重要性，也因此弱化了圣职人员甚至教皇的重要性。还有伦理学上的问题，他的天主教对手担心：如果罪人只需要被宣告为义，他们不就可以想干什么就干什么了吗?

路德对因着恩典借着信心称义的成熟理解清楚地出现在 1520

---

* 称义按天主教译法作“成义”。——译者注

年的《基督徒的自由》一书中。联想到十字架体现的外部表象与内在真实之间的反差，路德在这部作品中提出，人可以被视为外面的人和里面的人。这使得看似矛盾的话可以同时用在同一个人身上。[12] 因此，一个人可以从外表上看很正义（在世界面前），但实际上内在来看却是不义。同样，一个人也可能外表上看不义甚至卑劣，但内在却是完美公义的（在上帝面前）。这一区分对路德的称义观有着绝对的根基作用，建立在这个基础上，路德断言没有任何外在之事（善行义德）可以丝毫影响在上帝面前的地位。

因此，对路德而言，一个被称义的人和一个被留在罪中的人之间的区别并非在于恩典的灌注或借着教会圣礼慢慢产生的道德改变，而是在于用信心抓住上帝的道。我们之前提到过，路德在 1517 年甚至到 1518 年期间，把谦卑视为人被动领受上帝恩典的关键。到了 1520 年，谦卑的概念已经被吸纳、被转化成他对信心更广的理解，即信靠上帝的道。

这种信心包含谦卑，基督徒生活包括对自己的义的绝望和向上帝的悔改之心；此外还包括正面地抓住上帝在主耶稣基督里的福音启示，以及信靠基督呈现的应许。路德在书中最开始便提出，只有一件事是获取义所必需的，那就是上帝的道。[13] 这就意味着，路德从实践层面理解基督徒生活，这与中世纪晚期天主教的理解截然不

⑫ *LW*，31：344.
⑬ *LW*，31：345 - 346.

同。我们在下一章会看到，上帝的道的中心性对如何理解和实践基督徒生活都有影响。

路德用富有戏剧性的语言来谈信心在称义上的大能。当信心抓住上帝的道时，道本身的能力就传给信徒，如同热量传给火中的铁一般。[14] 继而，信心既视基督为真实、可信，就把最崇高的荣耀归于他。[15] 最后，也是最重要的，对上帝之道的信心将信徒与基督联合，这也为路德所说的**喜乐的交换**(joyful exchange)提供了语境，就是信徒的罪归给基督，而基督的义归给信徒。路德在《基督徒的自由》里用了新娘和新郎的联合来形容这一交换：

> 信心的第三个无可比拟的好处是，它将灵魂与基督联合，如同新娘与新郎联合。如使徒所训导的，因这个奥秘，基督与灵魂成为一体[弗 5：31—32]。他们既然连为一体，其间就有了真正的婚姻关系——而且是所有婚姻中最美满的，因为世俗婚姻只是这种真正婚姻的有缺陷的样式——随之而来的便是各人的一切，无论善恶，皆为共有。因此，凡相信的人便能以基督的所有而自夸，并以此为荣，就如同属于自己一般。而凡属灵魂所有的一切，基督也自称为己所有。我们若将这两种所有加以比较，就会看到无

⑭ *LW*，31：349.
⑮ *LW*，31：350.

> 可估量的裨益。基督满是恩典、生命和救恩，灵魂却满有罪恶、死亡和诅咒。如果让信心参与其间，那么罪孽、死亡和诅咒便归了基督，恩典、生命与救恩便为灵魂所有。因为既然基督成了新郎，他就要把新娘所有的取归己有，而将自己的所有之物赠予新妇。他既然将自己的身体与整个自我都交给新娘，他怎么会不把自己所有的一切也交给她呢？他既接受新娘的身子，哪能不接受她所有的一切呢？[16]

喜乐的交换表明，路德对称义的思考，从一方面看，还是受到中 70
世纪晚期的神圣宣告的神学概念的影响。尽己所能者尽管本身从内在(intrinsically)上说不配，但上帝从外在(extrinsically)上宣告他已经赚得恩典；同样，有信心的人领受基督的义是一个外来宣告的事实，就如基督接过信徒的罪一样。基督死在十字架上，并非因为他**本身内在**是有罪的，而是因为我们的罪归算给他；照样，信徒被宣告为义，并非因为他**本身内在**是义的，而是因为他通过归算获得了基督的义。一切都扎根于上帝外在的宣告，其根据就是基督和信徒的联合。路德称这个由信心领受的、使人称义的义是**外来的**

⑯ *LW*，31：351. 路德在1519年的一篇重要讲道《两种公义论》(*LW*，31：297)里也用到了这个婚姻的比喻。虽然，路德的亲密同事梅兰希顿喜欢在讨论称义时使用更严格的法理性比喻，然而从比喻背后的概念上讲，二人并没有什么区别。1531年5月12日梅兰希顿写信给约翰尼斯·布伦茨(Johannes Brenz)，路德亲笔写下了附言，从其中可以看出这一点。路德评论说他和梅兰希顿习惯用不同的方式来表达这个观点，但是从概念层面上他们彼此认同。参见 *Weimarer Ausgabe Briefwechsel* 6：98－101。

义(alien righteousness)。[17]

然而,路德的立场与他的中世纪老师们有非常大的差别。对他的老师们来讲,称义的工具说到底还是圣礼。当然,中世纪晚期的神学着重强调约,这看似弱化了圣礼:圣礼的必要性在上帝的旨意和个人努力面前屈居次位;但是就算在新路派的圈子里,不论看起来多么矛盾,圣礼的重要性依旧未变。此外,中世纪神学家们认为,上帝宣告人处在承受恩典的状态中是其随后在实际行为上产生具有功德价值的义的基础;因此,称义仍旧是一个过程,在此过程中基督徒随着时间不断从实际行为上、从内在本质上变得更有义。

可对于路德来说,信心才是工具,不论是当人信靠上帝的道、与基督联合之前还是之后,都没有功德的余地。使人称义的义是外来的义,称义始终是上帝外在的宣告,而非基于任何内在品质。此外,尽管路德的确非常看重圣礼,但严格来说圣礼对于救恩不是必需的,因为只有信心才是必需的。[18] 我们会在第六章看到,路德的称义观带领他彻底从神学和敬拜仪式上重塑了圣礼。

71

同时是义人和罪人

Simul Justus et Peccator,这是路德用来刻画他的称义观的一

⑰ *LW*, 31: 297.

⑱ 路德在1521年所写的《驳拉托姆斯》(*Against Latomus*)中清楚表明此观点:"圣保罗还说过(罗10:10):'人心里相信,就可以称义。'他不说人定要领受圣礼,因为人因信称义,不靠身体上领受圣礼(只要人不轻看它们)。但是,缺少信,圣礼便一无所用,它实在就完全是死的和有害的。"(*LW*, 32: 15)

句拉丁文，翻译过来就是“同时是义人和罪人”。这句话突出了路德经典的外在表象与内在真实之间的反差。十字架再次成为极致的例子：从外表上看，基督似乎是个被咒诅的罪人，而内在事实上他是人类历史上唯一完美的人，是父上帝所祝福的。与此相反，那天在十字架下聚集的宗教领袖们表面看很正义（他们毕竟是宗教精英），但内里却是罪恶的（在上帝面前他们要为基督之死负责）。

这一概念对理解路德的思想至关重要。不论是基督徒还是非基督徒，所有人都同时既是义人又是罪人。非基督徒，或荣耀神学家，在他自己的眼中，很可能也在他周围世界的眼中，是个义人。那些相信自己虽然不完美但会在审判日被上帝接纳的人就是个好例子。与此相反，基督徒知道自己有罪、已经被谴责，他们知道当站在上帝的宝座前时，自己里面没有任何东西能够使自己不被定罪。从某种意义上说，所有的基督徒都是分裂的：他们披戴基督的义，但却又总是试图用自己的义来为自己辩解。这种内心的矛盾恰恰正是在将来荣耀未到以先、在堕落世界里做基督徒的本质部分。我们会在第七章看到，这就是为什么律法是基督徒武器库里一件永存兵器。

称义还有许多其他方面需要谈。例如，一个人如何获得信心？善行在基督徒生活中有怎样的地位？这些问题我们会在后续的章节里来处理。不过，在我们进入下一章详细讨论基督教的神学实践性之前，还有两个基本立论需要讨论：所有信徒的祭司和君王职分。

祭司与君王

在1518—1519年路德最早期的宗教改革斗争中，存在着对罗马天主教代表的正式祭司制度的不信任和反感。* 当时在欧洲北部
72 流行着反教权(anticlericalism)的风气，路德对祭司精英主义的抨击正符合大众心理。

到了1520年，他对祭司的批判变得更有神学根基。1519年在莱比锡与艾克的论战，使得他反对赎罪券的实践含义以及他萌芽期救恩论的神学含义变得更加明晰，同时也把教会权柄的问题摆在他眼前。因此，1520年他所写的三论著《教会被掳巴比伦》《基督徒的自由》和《致德意志基督教贵族书》，都从不同的角度批判教会威权，并为所涉及的各种问题提供替代的解决办法。

在《基督徒的自由》一书中，路德以最清晰的方式阐述了十字架的含义，它关乎基督徒自我认识，因此是一切神学的标准。我们在前面提过，当我们把标准语汇应用在福音上的时候，十字架要求我们必须反直觉地翻转这些词语的意义。刚强在软弱中，智慧在愚拙中等等。当信徒与基督联合时，他要以这联合来认识自己的身份，他的自我认识也因此被转变了。

对加尔文以及后来的改革宗神学而言，基督的中保职分常被细

---

* “祭司”(priest)在天主教中被译作“司铎”或“神父”，此处通译作“祭司”。——译者注

分成三种：先知、祭司和君王。[19] 然而，路德当时将中保职分分为两种：祭司和君王。[20] 祭司的工作是献祭和献上祷告；君王的工作是治理。当然，关键在于基督的祭司和君王职分透过十字架的启示才能被折射出来：基督把自己作为祭物献上，并为他的仇敌献上代祷；他得到王权的方式并非他仇敌所预期，而是出乎意料地屈从他仇敌的意志，并屈服于死亡本身。

路德在《基督徒的自由》开篇就说了一句很具挑衅性的话，乍一看这句话很难琢磨：

> 基督徒是全然自由的众人之主，不受任何人辖管；
> 基督徒是全然忠顺的众人之仆，受所有人辖管。[21]

从各个方面看，这就是路德经典的表达方式：富有戏剧性、吊诡的语言，立即俘获了读者的注意力。如此把主与仆并置而谈似乎有玩弄文字游戏之嫌。不过，这当然与路德的神学发展完全吻合，因为他的神学建立在三大预设之上：十字架是一切神学的标准；基督是主、君王和统治者；基督徒借着信心与基督联合。

路德用《彼得前书》2：9 来证明，所有信徒都与基督联合，都有

---

⑲ 加尔文的区分，参见他的《基督教要义》，2. 15；改革宗信条对此的区分，见《威斯敏斯特信条》8. 1。

⑳ *LW*, 31：353 - 354.

㉑ *LW*, 31：344.

份于君尊的祭司职分，因此都可被称为君王和祭司。[22] 不过，这必须放在基督的十字架以及路德延伸出的人论的整个大语境下来理解，这就涉及了外在与内在的区分。从内在来讲，借着信心，基督徒统管万事，意思是说没有任何事物可以伤害他；更进一步而言，一切事物，甚至最邪恶的事，实际上都必为他的救恩效力（罗 8：28）。[23] 这一点具有强有力的伦理学上的重要意义。

第一，它取代了基督徒或教会追求属世强权的野心。这并不是说基督徒不可以在国家就任高职，或在他们属世的呼召上成为重要、有权势的人物。我们会在第八章详细来谈。然而，需要明确的是，基督徒所拥有的权力需要从十字架的角度来理解；作为众信徒组成的身体，教会也需要以属灵的方式来看待自己的权力与角色。

第二，它使基督成为基督教的道德典范。贯穿整个基督教历史，把基督作为道德典范是很普遍的做法，这甚至也是路德最大的对手德西德里乌斯·伊拉斯谟的思想核心。但是，路德所做的是，基督作为典范的基础乃是信徒与基督的联合，接下来，他以极其深刻的生存性的方式，将基督的受苦与受死放在这个典范角色的核心：因为信徒与基督联合，受苦是不可避免的。在这个语境下，基督徒的权力——或者说，基督徒的自由——意味着所有的苦难、所有的逼迫、所有那些邪恶力量强加在身体和心灵上的痛苦和伤害，都

㉒ *LW*，31：354.

㉓ *LW*，31：354.

无法影响基督徒的灵魂，实际上反而会为他的救恩效力。路德认为基督正是伟大例证：他的一生充满苦难、遭人厌弃，最终死在仇敌的手上，但事实上这一切都是为了开辟他的国度。㉔ 因此，基督徒的君王职分对那些与基督联合的人来说是一个类似的生命经历。事实上，在后来的《论教会会议与教会》(*On the Councils and the Churches*, 1539)一书中，路德把十字架，即受苦，视为真教会的七大外在标记之一。㉕ 74

如果说基督徒是"众人之主"意味着苦难与邪恶被颠覆，是为信徒的益处，那么路德把祭司职分看成一项更伟大的特权。路德时代的教会把祭司高举成精英阶层，他们握有救恩的权柄，因为只有他们有执行圣礼的权力。然而，路德争辩道，所有信徒都与基督联合，所有信徒就都是祭司。这带来了直接的问题，路德是否只是把中世纪的祭司制度普遍化呢？这当然不是他的意思。作为一切神学的标准，"十字架上的基督"要求我们必须以十字架的角度重新定义祭司的概念。因此，"信徒是祭司"的意思是，我们透过与基督的联合，

㉔ 论及基督徒的权力，这段文字强而有力，值得全部引用："事实上，一个人越是基督徒，就越要忍受邪恶、苦难和死亡，就像我们在头生的王基督自己身上，及其所有的弟兄——圣徒们身上所看到的那样。我们所说的权柄，乃是属灵的，它在仇敌中施行管治权，在逼迫中显出大能。这就是说，这种权能不是别的，就是'在人的软弱上显得完全的能力'[林后 12：9]，叫万事都有益于我的得救[罗 8：28]。所以，连十字架和死亡都不得不服侍我，一齐为我的救赎效力。这是一个难以获得的显耀特权，一个真正万能的权柄，一个属灵的国度，在这里，只要我相信，无论何其善恶，都必为我的利益相互效力。的确，因为唯独信心就足以使人得救，所以，我不需要别的，只需要信心，它行使其自由的权能和统治。这就是基督徒无可估量的权柄和自由。"(*LW*, 31：354)

㉕ *LW*, 41：164 - 165.

如今可以进到上帝的面前，并为他人代求。路德重新定义了祭司的概念，去除了其中献祭功能的部分，因为这已经在基督里实现了，但他着重强调如今依旧持续的代求职能。[26]

这个概念常被称作“信徒皆祭司”（the priesthood of all believers）。而这在路德的年代是极具爆炸性的，因为它打击的正是中世纪的信仰结构。路德推翻了特殊的、圣礼性的祭司的概念，实际上就推翻了当时的整个教会论。这个概念在新教内部也变得越来越有争议。当时一个明显的问题是，到底是否还需要一个特殊的、圣职的呼召？如果所有人都是祭司，那么为什么还要按立某些人出来带领敬拜仪式、牧养羊群呢？为什么不能所有人都讲道、所有人都给人施洗、所有人都主领圣餐并听人告解？

75 这个问题对各地的改教家来说都变得尖锐而重要，对于1525年农民战争时期的路德来说，尤其如此。当时，激进派借用路德谈论自由的语言作为他们叛乱的部分言论，但这并不难理解。在任何时代，这样的语言都会引起那些被压迫、受剥削群体的强烈共鸣。当然，问题在于，当路德使用这些语言时，他是透过十字架来理解它们。普遍祭司职分（universal priesthood）的语言也同样：这种具有明显的民主倾向的语言，对于那些寻求社会平等的人来说很受欢迎。战争带来的无政府状态使路德陷于进退两难的地步：他本人并不是追求民主的激进派；他需要使支持他的世俗贵族们安心，叫他

[26] *LW*，31：355.

们知道宗教改革运动并不是要革命;他还需要确保自己的教导被人清楚地理解。结果,自从1525年以后,普遍祭司职分的说法便从路德的作品中消失了,这一现象也出现在其他宪制改教家(magisterial Reformers)那里,例如约翰·加尔文。

路德在后期的写作中发展出更清晰的理解,教会领袖需要合宜地设立和按立。不过,在1520年,这条思路还没有发展健全,路德只是简单地评论说,不是所有人都能在教会里做公共领袖,因为不是所有人都有能力教导。[27] 之后,他把按立也视为真教会的一个标记。[28] 他还强调按立进入某个职分是依据职能来定义,并不是根据地位或身份,这在1529年他主持的按立仪式上清楚体现出来。[29] 路德认为,自由必须透过道成肉身和十字架来理解:这是服侍他人的自由,这是为他人牺牲的自由。整个基督教信仰,整个基督教事工,需要根据那位为我们行事的上帝来构建,这位上帝亲自启示他自己,这启示就在他那位被挂在髑髅地的十字架上、道成肉身的圣子身上。

㉗ *LW*, 31: 356.

㉘《论教会会议与教会》(*LW*, 41: 154)。路德在这里强调保罗的教导把女性、孩童和那些没有能力的人排除在职分之外,按立只针对那些有能力的男性。

㉙ *LW*, 53: 124 - 127.

总结思考

路德的荣耀神学家与十架神学家的区分，是他对基督徒生活的理解的根基，因为它表明人通往上帝只有且仅有两条路。人要么按照自己的路走，要么按照上帝的路走。对路德和保罗都是如此：十字架上的基督是救赎历史的分水岭，是永恒终点的判别因子。这位在肉身里的基督，这位钉在十字架上的基督，渗透在路德整个神学思想里。

数世纪以来，神学家们专注于思考十字架带给我们的意义：代替我们受罚的赎罪祭、挪去罪、胜过魔鬼、众人应效法的敬虔。然而，路德对十字架的理解显示出另一个重要的层面：十字架是上帝向我们的启示，也是判断我们在上帝面前的地位的指针。

年轻的路德因一位公义、圣洁、愤怒的上帝而感到恐惧战兢，他也因发现上帝亲自成为软弱、羞辱，在邪恶权势下受死而从恐惧中被释放。这改变了路德的一切。不论是神学语汇还是人对上帝的期望，都被十字架翻转颠覆了。上帝的力量在上帝的软弱中显明；我们从外在上被宣告为义，尽管我们内在仍是罪恶。

这给今天基督徒进行神学思考奠定了强大的根基。路德的神学充分吸纳了保罗在《哥林多前书》里的教导。我们固有的倾向是把人性作为衡量现实的标准，然而十字架却是上帝对人性的审判，也是上帝正面启示人应该如何靠近他、思考他。首先，《哥林多前书》提醒我们，做神学的准则不是人类自身的期望，不论我们认为期望是某种超越的理性，还是可信度的范畴，或是我们的文化特有的规则。

然而，十字架也是基督徒生存状态的范例。如我们之前提过的，当路德谈论荣耀与十字架的对比时，他并没有在说神学，而是在说具体的、个人性的神学家。神学是人的思想，是透过真实的、具体的人来认识的。做一位荣耀神学家，不仅仅是照着自己的样式塑造上帝，而且是依照这个样式来活着，伴随着随之而来的一切对生活的期望与诠释。对十架神学家来说亦是如此。问题在于，荣耀神学家最终无法理解弄清这个世界的意义何在，因为这个世界最终将以我们每个人的身体衰老、软弱和死亡来作为结束。以荣耀神学家所相信的神学来看，这一切都令人费解。但是十架神学家知道，这个世界是堕落的、邪恶的。生命不可阻挡地奔向坟墓；人活得越久，就会看到越多所爱的人逝去。然而，就在这荒芜孤寂的世界中，十架神学家能够看到十字架的逻辑在发挥作用。

这个逻辑不是随口简单一说，所有愁苦都是上帝的旨意，我们只能默默承受。十字架的逻辑是说，软弱和死亡尽管是痛苦的，但已经在基督里被上帝彻底翻转了，因此，痛苦和必死的命运反而成为我们刚强得力的途径，死亡本身成为通往乐园的大门。这也是因恩典借信心称义的功课；外面的人渐渐逝去，但是里面的人日渐强健。没有任何身体所受的伤害可以危及灵魂。事实上，身体所受的最大的恶——死亡——只不过是通往复活的道路。

这是教牧工作的一剂强效药。它可以被传讲给教会里贫苦一生、生活无望的单亲妈妈；可以被应用在健康每况愈下、临近终点的老人；可以用来安慰寡妇与孤儿，也适用于被藐视的人和那些一无所成的人。因为这就是主耶稣基督的福音，通过软弱造就了真正完美的刚强。苦难虽然本为恶，但它已被翻转，为我们的益处效力，就像死亡已经借着基督亲自受死与复活，成为天堂的入口。

在 1539 年出版的《论教会会议与教会》中，路德陈述了一段意义深刻的话，把受苦作为真教会的一大标志：

> 第七，基督的圣教会是从背负十字架而得以识别。他们必须从魔鬼、世界和肉体忍受诸般苦难、逼迫、试探、凶恶（如主祷文所说）；他们必须内有忧伤和畏惧，外有贫穷、轻侮和软弱，好叫他们更像他们的头——主基督。他们受苦的唯一原因在于他们信靠基督和上帝的道，他们为基督的缘故忍受苦难，正如《马太福音》5 章［11 节］所说："人若因我逼迫你们，你们就有福了。"他们必须公义、安静、顺从，随时用身体和财产服侍掌权的和众人，而不伤害任何人。但他们所必须忍受的恨恶是世人所未经验过的。他们必然被看为比犹太人、异教徒和土耳其人更坏；他们必然被称为异端、恶棍、鬼魔、被咒诅的和世上最坏的人，甚至于凡把他们吊死、溺死、杀死、苦待、追逼、处死的人，乃自以为是"服侍上帝的"。他们无人怜悯。当他们干渴的

> 时候，人们反给他们没药和苦胆喝，这并不是因为他们是犯奸淫的、杀人的、盗贼或无赖，而是因为他们只崇拜基督，没有别的上帝。你在哪里看见或听到这事，你就知道那里有基督的圣教会，因为他在《马太福音》5章[11—12节]说："人若因我辱骂你们，逼迫你们，捏造各样坏话毁谤你们，你们就有福了。应当欢喜快乐！因为你们在天上的赏赐是大的。"圣灵用这种圣洁的标记不仅使他的子民成圣，也赐福给他们。㉚

因为在耶稣基督里，上帝亲自受苦，挂在十字架上，被人辱骂唾弃，所以教会，他的身体，也会有同样的遭遇。然而，如同道成肉身的基督，在困境中的教会也蒙上帝祝福，因为教会的痛苦与软弱正是上帝最彰显他的大能与力量的时刻。因为教会的语汇被翻转，所以教会的经历与期望也被翻转。

现在，让我们一同来看看，这个十架神学的生命、这个从死到重生的生命，到底是什么样的。

㉚ *LW*, 41: 164 - 165.

79 第三章 宣讲的道

新教……是先知的作品：那 16 世纪的先知作品。

——托马斯·卡莱尔,《论历史上的英雄、英雄崇拜和英雄业绩》

上一章我们提到,推动路德基本神学的主要动力是这样一个问题：我们在何处才能找到那位满有恩典的上帝。路德最根本的回答很清楚：在那位道成肉身、钉十字架的基督身上。这又带来了另一个问题：既然基督已经升天了,那我们如今该在何处寻找这位道成肉身、钉十字架的基督？这个问题的答案与路德对圣道的神学理解相关联：我们在宣讲的道和圣礼中可以找到基督,但我们不是靠眼见,而是靠信心才能找到他。这就是路德神学中创造生命的道与被钉十字架的基督汇合之处;这也指明教会群体对基督徒生活的重要性。后布尔特曼时代对路德的所有批判都认为路德发展的是一种个人主义式的神学,可实际上路德强调的重点却是相当群体性的：圣道与圣礼需要一个群体的环境。

那么我们要问一个非常实际的问题：如果说圣道的宣讲是基督
80 徒生活的基础,那么到底什么样的讲道是传道人需要宣讲、会众需要聆听的呢？讲道需要在怎样的敬拜环境中进行？日常的基督徒生活如何与这个圣道关联,又如何从中汲取养分呢？

在回答这些问题之前，我们需要花一点时间来思考路德对上帝之道本身的基本理解。这要求我们必须了解路德的神学背景和环境。

路德作为基督徒所度过的一生从多方面讲都是不同寻常的。他的名声与影响力是同时代人少有的。不过，他之所以有卓越的人生，还有个普通的理由——他能够阅读和写作。在他所生活的时代，路德可谓是真正的知识分子，尽管当时有读写能力的人口正在增长，但比例依旧非常低。这就意味着当时大部分基督徒每天日常的生活与今天的基督徒大相径庭。很少有人能自己读圣经，而教会敬拜是人们学习、了解圣经的主要渠道。

如果说当时的教育限制对基督徒日常生活有如此大的影响，那么可以说路德的神学的确强调基督徒生活的群体性一面，尤其是圣道与圣礼。实际上，圣道与圣礼是基督徒生活的两大主要的蒙恩之道。我们会在后面来谈圣礼，不过接下来的三章我们必须花时间来探索圣道在神学上的重要意义。路德认为，圣道不仅仅描述了现实，更决定了现实——一切的现实；如果在一般的现实事情上尚且如此，更何况基督徒生活的现实呢！

不过，在具体深入之前，我们必须注意，接下来一些必要讨论乍一看有些晦涩难懂，似乎与基督徒生活没什么关联。今天的时代非常讲究实用主义；我们倾向以直接的实践价值来评判一切思想的重要性，这种观念使我们在面对看似抽象或象牙塔式学说的时候显得十分没有耐心。路德对教牧工作的本质、目的和手段的理解，都包

含非常深刻的神学思想。在理解世界和其中所有的事物时,路德优先使用神学的方式。因为这世界是上帝的创造,而教会是上帝特殊
81 的创造,两者都要以上帝亲自所定的方式来理解。所以路德认为,不论是对世界的回应还是对教会的回应,都必须以神学来说话。因此,我们若想了解路德对基督徒生活的理解,最重要的是先探索路德思想的神学根基。

路德的神学思想里有两大元素特别重要:一是他对上帝强大而有创造性的圣道的理解;二是与此相关的荣耀神学家与十架神学家之间的区别。这两大基本元素在路德的改教运动初期出现,并为后期其他的思想如称义、圣礼、教会以及基督徒生活等奠定了基础。不过要了解路德在这些方面的思想,首先必须明白他所处的中世纪末期的思想背景。

路德与中世纪末期的上帝

路德作为开启宗教改革运动的第一人闻名遐迩。甚至那些从未读过他任何作品的人都知道,他的一生事业标志着教会决定性的转折点。流行的观点一般认为,这意味着路德的思想和他之前的思想完全割裂,如果他的神学与过去有任何关联的话,也是以对立的方式,而非正面的承继。流行的基督教艺术作品也常常加深这种观点,许多画作描绘路德在维滕堡的教会大门上钉《九十五条论纲》,象征着把钉子嵌入垂死教会的棺木上加速其灭亡,作为一个全新时代的开始。

尽管这种观点在某些领域还很时兴，但在学术界已经采纳了完全不同的观点。自 20 世纪 40 年代耶稣会学者约瑟夫·洛茨(Joseph Lortz)开拓性的研究之后，路德的研究者们开始留意到路德的改教神学与中世纪末期神学之间的正面关系。① 其实，从许多方面讲，路德仍然保持着一个中世纪人的特点：他的政治观依旧是保守的封建主义，他一直感觉魔鬼在不断靠近甚至就在他旁边。这只是两个典型例子，把路德与其他同情文艺复兴人文主义的改教家们拉开了距离。② 当梅兰希顿和加尔文钦佩伊拉斯谟的作品时，路德则以报复心鄙视他，并常在《桌边谈话录》(*Table Talk*)中把他当作笑柄。③ 82

路德的神学与中世纪末期的神学有许多关联，有正面的，也有负面的。他对上帝之道的能力的理解源自 14、15 世纪发展起来的批判式的语言哲学，并激进地应用了上帝的两种能力的辩证法。神学家们总结这些中世纪末期的神学方法，发展出了两种能力的辩证法，试图同时保护上帝无限的全能与有限受造界的稳固两方面。

如此，神学家们认为上帝拥有两种能力：一是绝对能力，二是定旨能力。根据上帝的**绝对能力**，他可以做任何事，只要服从非矛盾定律即可。例如，上帝可以创造一个没有大象存在的世界，但是他

① Joseph Lortz, *The Reformation in Germany*, trans. Ronald Walls (London: Darton, Longman and Todd, 1968).

② 关于路德对魔鬼的感知，甚至与魔鬼对话，出现在路德许多作品当中，例如 *LW*, 54: 78。

③ 例如，"我全心恨恶伊拉斯谟。"(*LW*, 54: 84)

不能创造一个希律王同时既存在又不存在的世界。然而，根据他的**定旨能力**，上帝实现了一个具体的世界，其中存在有限的可能性。因此，他造的人类有两条腿，而不是三条腿；他造的苹果成熟时是绿色、黄色或红色，而不是黑色或银色。不过，神学家们当然不是说上帝本身真的存在两种分离的能力；这种区分其实只是从人类的角度在认识论上进行区分，目的是允许我们相信宇宙真实的基本稳定性的同时，维护上帝的全能与全知。上帝并非必须造这个世界；但是他既然造了，就委身于它，世界也因此是真实的、稳固的。

12 世纪以后，由于内在逻辑压力以及外在自然灾难如黑死病，人们对理性的信任度下降，并开始以一种越发尖锐而危险的方式使用这个两种能力的辩证法，来表达在上帝面前的认识论上的谦逊。换一种简单的说法，绝对能力与定旨能力之间的间隔越来越大了。结果，神学家们越发认为理性是无能的，于是他们更加专
83 注于启示（启示显明上帝的定旨意志，即那些上帝**选择**要做的事），并把启示作为认识上帝的知识源头，而非纯粹的逻辑与形而上的思辨空想（这些最多只可能获得对上帝绝对能力的知识，即上帝**可以**做的事）。

当然，这些中世纪末期的神学家们不能算作新教徒，甚至不能算是新教的萌芽，并且他们认为除了圣经的话语，教会的训导（Magisterium）也是启示的来源。不过，总的来说，他们神学总体的推动力还是启示性的，这一点将被路德和他的改教运动同仁们发展并深化。

对帮助我们理解路德而言，中世纪末期神学还有另一点值得讨论。那就是当时对话语的本质与作用持续不断的探讨，它与对上帝两种能力的区分有关联。乍一看，这种探讨似乎有些晦涩，好像只有逻辑学家和哲学家才会感兴趣，然而它的确在路德发展对上帝之道的能力的理解上，起到了关键作用。

探讨的核心是名词具有的指涉性质(referential nature)。简单来讲，赋予某个名词其本身意义的是什么？是这个名词所代表的客体内部的某些东西，还是只是词语本身的使用？举例来说，**狗**这个词为什么有意义？是因为它指涉了某种真实的、共相的“狗性”(dogginess)，所有的**狗**都拥有这种属性，所以狗这个词才可以被合理地用在它们身上；每只狗都在客观上与其他狗拥有一些共同点，所以**狗**这个词应用在它们身上都合适？还是因为这个词指涉了成千上万的个体事物，我们决定把这些事物圈在一起——菲多、罗孚、天工、布奇(个体的名字)——放在**狗**这个词的含义中，而事实上不存在一个空想的“狗性”？把这个讨论推向极致，后者的观点就成为哲学家们所称的反本质主义本体论(antiessentialist ontology)，它有效地把词语或话语作为现实的决定因素，而不是背后的本质或实质。我们可以换一种方式来说：“狗性”是独立于任何具体的狗而存在的某种真实事物，还是由使用这个词的人或群体创造的单纯的语言概念？

否认“狗性”之类共相事物存在的人，他们所代表的观点就是中世纪末期的**唯名论**(nominalism)。路德正是在这个语言学派下受

教，一些基本的预设也伴随他整个一生。他的神学随着年月更迭而
84 改变，但是他对唯名论的坚持，以及对话语优先决定现实的信念，始终不渝。

读者也许会熟悉被称为后现代主义(postmodernism)的当代折中主义运动所涉及的一些哲学讨论。实际上，中世纪末期的唯名论与后现代主义某些派别的语言理论之间有很强的相似性。可以说，二者都把这个世界视为一个语言的构造。话语，而非本质，成为决定、构建现实的元素。我猜想，路德不会把时间浪费在后现代反本质主义的无节制，以及由它产生的在性别、性，甚至在人性概念上千奇百怪的混乱上。但是，我们需要知道，路德也不会为了反对后现代主义就反过来重新主张某种本质主义的本体论。其实，如果他反对后现代的无序主义，他的反对会基于他的信念，相信上帝是至高存在的现实，终极而言，上帝是那位说话的上帝，因此他的话语是一切事物存在和差异的根基。现实不是由任何人类个体或群体的语言取向决定的，而是由上帝的话语决定的。这一点对于理解路德整个神学思想，包括他对基督徒生活的理解，绝对至关重要，因为它指向了上帝的话语(或上帝之道)富有生命力和创造力的作用。

对作为牧师的路德而言，这种语言哲学的实践意义在于，在牧师所做的一切事上，话语都是绝对的基础；因此，语言对基督徒生活的各个方面都是根本。如果上帝的话语决定了现实世界，那么一位牧师能做的最重要的事，就是把上帝的话语宣讲给会众。对每个基督徒个人而言，正是向他宣讲的上帝的话语决定了他自身存在的现

实。正因如此，公共敬拜和个人生活中的阅读圣经至关重要；宣讲上帝的道、聆听上帝的道至关重要；向自己应用所听的道，或者在告解室中由牧师对自己应用圣道至关重要。没错，正因为这些事都有上帝的道在其中，所以这些事都决定了教会和基督徒个人生活的实际。此外，这也指向了圣礼的重要性：我们今天许多人不像路德那么看重圣礼，也许刚开始会觉得他对圣礼的观点有些令人困惑。不过，至少放在路德的神学框架里，并不难理解为何他如此看重圣礼：不论你的感官或体验如何不同，如果上帝用话语说，这饼和杯就是基督的身体和血，为你舍的，那么，在那一刻，它们就真的是。

圣道的神学

不过，如果缩减路德的宗教改革神学，认为它只是激进地将中世纪末期的语言理论应用于神学语言和神论，那就错了。如果有人想把宗教改革的神学简化，仅仅归因于文化因素，他也许会简单地指出，一种文化中对话语的重视是因为当时出现相对廉价的印刷技术，能够阅读的人口比例也开始缓慢爬升。然而，路德对道、对上帝话语的关注，不是单纯因为他的哲学和文化环境；这也更是神学性的。他认为上帝的道对现实而言大有能力、创造力、决定力，是因为圣经本身就是这样教导的。

当然，在路德的老师们这种批判性语言哲学与路德认为圣经对上帝本性的教导之间，的确存在令人欣喜的巧合，或者更正确的说法，它们有选择性亲和力（elective affinity）。路德认为，上帝本身在任何积极的意义上都是绝对不可知的。他住在深邃的黑暗中;他乘着风暴的翅膀飞行;就像约伯所描述的那样,上帝是不可见、不可言明、无限全能、无法以任何人或事物来测度的。与任何优秀的中世纪末期神学家一样,路德认为上帝能够被人所认知的唯一基础是上帝根据自己的定旨能力所做出的自我启示。人只能根据上帝自己的话语来认识他。

不过,正如我们已经看到的,上帝的圣言不仅定义了现实,而且真实地**创造**了现实。一个事物之所以是其所是,是因为上帝说它是如此,而不是另一样东西;不仅如此,这个事物之所以存在,是因为上帝先用话语命其存在。路德认为根据圣经教导,上帝命其存在就存在,是这个外在于上帝的物质存在的唯一原因。因此,在上帝之外存在物质世界,是因为上帝选择命令物质存在。我们也许可以这样理解,路德思想里创造主与受造物的区分,是说话的那位与本身被说出者之间的区别。

路德对话语在创造中的作用的阐述,可以很明显从他 1535 年的《〈创世记〉讲义》(*Lectures on Genesis*)中找到。谈到第五日的创世之工时,路德这样说:

> 谁能想象从水中竟然能够生出一种显然无法继续在水中生存的生命?然而,上帝只张口说了一句话,立刻飞鸟便从水中被造出来了。只要话语被说出,任何事都有可能发生,如此从水中既造出鱼又造出鸟。因此,不论何种

鸟类，不论何种鱼类，都只不过是上帝语言法则中的名词罢了；在这套语言法则中，不可能之事变得轻而易举，相反之事变成相同，反之亦然。④

他在这个特殊的问题上表达了一个普遍的神学意义：当上帝说话时，他所说的话具有创造的能力，能够决定现实的存在；以中世纪末期的神学用语来说，这既是定旨能力的表达，同时也是定旨能力的实现。水的本质，从所有物理定律的角度来看，不论在路德所处的时代还是我们今天，都应该导出同样的结论，那就是不可能从其中产生出鱼或鸟之类的生物。然而，当上帝如此说时，这些生物真的从水中被造出，成为真实的实存。就水本身的客观属性而言，要让它改变成其他事物的可能性极其有限，然而它的属性被上帝所说的话改写了。本质主义输给了更有决定力的上帝之道。

然而，对路德而言，强调话语的重要性不只是个哲学观念，而且是有着深刻的道德含义的信念，因为正是上帝亲自说这些话语，并用话语创造了整个现实世界。上帝的道不是道德中性的事物；这道是一位圣洁、至高的上帝所说的大有能力的话语。因此，讨论道的创造性，不能将其缩减成一种形而上学或逻辑学的游戏。上帝的道在创造主与反映上帝自身性情和身份的受造物之间建立起了关系。

路德在讨论亚当与夏娃在伊甸园中受试探犯罪时很清楚地表

④ *LW*, 1: 49.

明了这一点。摩西把引向堕落的事件描写成一场针对上帝亲口陈述话语的意义和地位的斗争。并非巧合，路德认为古蛇之所以选择通过攻击上帝所说的话来入侵伊甸园，是因为他这样做正击中了上
87 帝的本性和能力。在《创世记》3：1 的注释中，路德这样写道：

> 摩西很准确地表达了他的意思，他写道："蛇说"，也就是说，它在用话语去攻击上帝的话。耶和华对亚当所说的话乃是："分别善恶树上的果子，你不可吃。"对于亚当而言，这话既是福音也是律法；这是他的敬拜；这是他在无罪状态下能够向上帝献上的服侍和顺服。这就是撒但攻击并试图摧毁的。它的目的不仅仅是使人注意那棵树并邀请人去摘树上的果子，好像那些没有知识的人所想的。他的确让人注意到了那棵树；但是他接下来加了一句新的说法，就像他如今依旧在教会里所做的一样。[5]

这段话不仅让我们看到路德对堕落的理解，也为了解他对上帝之道的理解提供了深刻的洞见。路德认为，蛇攻击上帝的话时，实际上是在试图创造另一个新的现实，一个上帝亲自建立的现实的替代品。这种对上帝之道及其含义的抨击，等同于在抨击上帝作为拥有绝对主权的创造主和现实世界决定者的身份地位。因此，当蛇使

⑤ *LW*, 1：146.

人怀疑上帝的可信度以及他所说话语创造的现实时，他实际上是在使人怀疑上帝的本性——他话语的能力、他话语的规范性——进而怀疑亚当和夏娃身处其中的现实的真实性。当亚当和夏娃吃那树上的果子时，他们是在接受蛇所说的话，把它的话当作现实的真实描述。同时，他们拒绝上帝，并宣布受造物可以决定何为真假。他们否认了上帝所说的话，否认了上帝所建立的现实。当然，问题在于，他们接受的现实根本不是真正的现实。它是个错觉，是个假象，而且是个邪恶的假象。他们的行为是拒绝上帝，并拒绝他们真正的自我定义。简言之，他们试图以自己为神。

路德《〈创世记〉讲义》这一段体现出，路德思想中上帝与被造现实之间的关系与中世纪末期唯名论的语言哲学不谋而合。此外，我们还可以看到上帝的话与上帝本身之间的关联，拒绝上帝的话与拒绝上帝本身之间的关联。因此，对路德而言，这不仅是简单的认识论问题，也是非常严肃的道德议题。亚当和夏娃接受蛇的话，并非因为他们未能理解上帝告诉他们的。他们接受蛇的故事，是因为他们在行恶。

考虑了这些，一切都明朗了。乍一看，路德这套引人关注的神学，似乎是建立在枯燥无趣的语言哲学基础上。但对路德而言，语言的问题绝不仅仅是讨论语义或述谓结构；它紧密联系着上帝选择以何种方式与他的受造物产生关系。就像他用说话的方式创造了一切，就像他用大能的话语托住一切，同样，他的话语也成为他与人交流的渠道，尤其是与他特殊的子民。 88

这于路德对教会及其作用的理解也十分重要。简单来说，教会是上帝的道得以宣讲的地方。这正是教会的权柄和能力的来源，因为宣讲的道就是上帝积极的同在方式。路德的这一观点源于他对旧约的理解，他发现，上帝的话语的确是他同在的主要方式。就如我们之前看到的，人类只能通过上帝的自我启示来与上帝建立关系；这就是说只有当上帝决定对人类说话时，人类才能与上帝建立关系。因此，路德认为，没有上帝的话，就等于没有上帝的同在，而这是非常可怕的场景。在注释《阿摩司书》8：11 时，他说：

> **我必命饥荒降在地上**。这是最后的打击。这也是最痛苦、最悲惨的一次。其他的打击都可以忍受，但这一次绝对可怕。上帝威胁要拿走真先知和上帝的真道，因此无人能讲道，即便人们极其渴慕听到上帝的话，甚至东奔西跑去寻求。这发生在犹太人被亚述掳掠的时期。⑥

没有上帝的道就没有上帝的同在。至关重要的是，从牧养事工和基督徒个人属灵生命的角度来看，没有先知宣讲上帝的话就等同于没有上帝同在。这有着重大而紧迫的实践意义。路德在同一段注释里提到，现代传道人就是古时先知的继承者，因此在新约教会里，传道人是表明上帝同在的关键。如果基督徒想要活在上帝的同

⑥ *LW*，18：182－183.

在中，那么他就要明白上帝的同在主要是通过上帝之道的同在而彰显。这就指明，在路德对上帝之道的神学理解中，教会是上帝子民的集聚，这点占据着极其重要的地位，这在他整个思想中不断反复出现。

了解了路德的圣道神学的基础之后，我们现在可以回到本章最开始提出的问题了：以这种神学思想为基础，到底讲道应该是怎样的？

讲道的内容：律法与福音

如果说上帝的道具有创造的能力，那么宣讲的道最重要的就是要包含上帝的道。路德认为，不是所有基于圣经随便讲什么的话都可以被称为讲道。更进一步说，讲道人绝不仅仅是传递信息，更不是娱乐会众。讲道人的任务要远比这两者更严肃：他要揭露当前的现实（即人类试图通过自己的义来寻求在上帝面前被接纳），继而他要创造一个新的现实（即我们披上被钉十架的基督的义袍）。因此，他要做的是让人们看到他们一切的义都像污秽的衣衫，像倾斜的柱子那么不牢靠，像蜘蛛网一般脆弱。并且，他要做的是宣讲一件反直觉常理、反文化观念的事——真正的义、怜悯与恩典，就在那位挂在十架上、被定为罪犯之人的污秽、破碎的身体里。这就是宣讲律法与福音，它承载改变生命的力量。

上帝的道以这种方式向人类宣讲，因此不可能是道德中立的。上帝的道在我们存在的最基本层面挑战我们——我们的身份、我们到底是谁。如果路德今天还活着,他一定会把圣经关于同性恋的教导在世俗世界引起的激愤作为例子来说:上帝的道不仅仅告诉我们哪些具体的事情是错的;圣经告诉我们的是,我们并非自己想象的那样——自己是自己的主,可以创造自己的身份、定义和未来——相反,我们是受造物,要受制于创造主。

路德所写作的作品中,《论意志的捆绑》最出色地带出宣讲的道所具有的道德力量。这里,他举了摩西的例子,摩西面见法老,要求释放以色列民。摩西的信息提醒法老他不是最高的君王,还存在一位至高的主,有一天甚至法老自己也要在他面前交账。不过,并不是所有人都接受、相信这信息:

> 因此,当法老以不敬虔的恶意做出上帝恨恶的言行时,是上帝使法老的心刚硬——当然这要归于与生俱来的缺陷和败坏。由于上帝没有借着他的灵改变法老的内心,而是继续从外部彰显他的话语与作为,因此法老继续把目光注
> 90 视在自己的能力、财富和权柄上,因其败坏的本性,他把信心建基在这些事上。结果,他一方面因自命不凡而自夸张狂,另一方面因摩西的低微和上帝话语被传递的简单方式而变得刚硬,摩西越是催促威逼,他便越加激愤恼怒。⑦

⑦ *LW*, 33: 179.

上帝的道本身具有能力和权柄。与其他所有堕落的受造物一样，法老不肯承认自己是受造物，不愿被人提醒他对上帝的义务。因此，当上帝决定不去用圣灵改变法老的思想时，法老的回应很自然与其罪恶的、追求自主的人性相吻合。所有听上帝之道的人都是如此。上帝若不释放听道人使其得以信靠福音，听道人的堕落意志就会使他刚硬，更加反对那位用话语与他对峙的上帝。因此，就像以赛亚先知宣告的，上帝的话绝不徒然返回。因此，路德认为，对上帝的话持中立态度是不可能的，因为上帝的话本身具有道德性，它从我们的存在本身的最深处挑战我们。它不是对现实存在的简单的重新描述。

这一点很重要，它帮助我们理解为何集体公共敬拜在路德的基督徒生活观中充当如此重要的角色。在路德的时代，大部分人都是文盲，因此公共的读经和讲道就成了他们获取上帝话语的唯一途径。然而，这里包含的不仅仅是阅读能力的问题：上帝的道是通过另一个人传递给我，因此不会被我有罪的思想直接过滤筛选，这外在之道面质我的方式，是我自己读经永远无法达到的。因此，对路德而言，外在的道的宣讲是个人生命改变的主要途径。

这种对上帝之道的观点，反映在 1537 年的《施马加登信条》(Schmalkaldic Articles)里的一个信条。这份信条由路德所作，是为当时神圣罗马帝国领土内路德宗贵族们的政治军事联盟——施马加登联盟提供初步的认信基础。其中第 8.3 条写道："我们必须坚持，除了借着外在之道或与外在之道同在以外，上帝就不将他的灵或恩赐赐给任何人。”[8]路德写作的时候已经出现属灵派和重洗派等激进主义，弱化道的重要性，路德已经对此有所反应。信条所体现
91 的与路德的神学一致。道从上帝而来，道从我们的现实之外而来，而道定义、改变了现实。当道以福音或恩典的话语临到时，它带来上帝的灵，能拯救人。

这个外在的道绝不可被简化成认知(cognition)。个人生命的改变不是简单从理解道中命题式和概念式的内容而产生的，也不是从理解道的实践性目的而来的。法老当然能够听懂摩西向他传讲的道；但是令他怒不可遏的不仅仅是他对道的内容的理解，而是他明白了摩西的道对他个人的含义。道是对我们身份的一种挑战。道能捆绑，道能释放。道能定罪，道亦能赦免。

路德把道的这种能力归纳为两类，一类是律法，一类是福音。这个基本框架已经在海德堡辩论中浮现。这种区分潜存于论纲的大部分神学思想之中，但是在第 26 条很清晰地显明出来：“律法说：‘如此行’，却永远无法完成。恩典说：‘如此信’，一切都已成就。”[9]这行与信之间、赚得救恩与接受基督的救恩之间、行为与信心之间、律法与福音之间的对立，是路德的救恩观和基督徒生活观的基础。实际上，当 1525 年路德与伊拉斯谟就人类意志受捆绑问题发生冲突时，他认为，针对人类意志在救恩中所起的作用，伊拉斯谟模糊而

---

⑧ *BC*，312.

⑨ *LW*，31：41.

妥协的立场中最根本的缺陷是，它混淆了律法与福音。[10]

路德在《基督徒该如何理解摩西》(*How Christians Should Regard Moses*, 1525)一书中，提出了这种对比，他用出埃及之后耶和华在西奈山上讲的话与五旬节彼得所讲的话做了比较：一个要求人去做；另一个宣告上帝已经做成。[11] 然而，路德的律法与福音的区分并不是指新旧约圣经正典之间的区分，也就是说，这不是指旧约圣经是律法，新约圣经是福音。事实上，这区分是指如何应用圣经：当我们读旧约时，若把它看作赐下基督的应许，那就是福音；而当我们读新约时，若把它读成要求我们顺服并以此作为与上帝建立关系的基础，那就是律法。[12]

因此，讲道人的任务就是拿起圣经，在每一篇讲章中做两件事：拆毁听道人的自义，并指引他们寻求那外来的(alien)、在他们之外的基督的义。因此，讲道人必须这样来解经，他必须用律法粉碎罪人以行为自称为义的倾向，然后他必须指引会众来到上帝在主耶稣基督里所显明的无条件的恩典面前。路德在他写的《〈罗马书〉序言》中清楚表达了律法的这种作用： 92

---

⑩ 例如，“现在试问，一个连何为律法和福音都不明晓的人，或者就算他知道，却以认出其间的差别为耻，那么就神学或圣经而言，会带来什么益处呢？这样的人必然会混淆一切——不论是天堂与地狱或生与死——而且丝毫不会努力去认识任何关于基督的事。”(*LW*, 33: 132)

⑪ *LW*, 35: 162.

⑫ 例如，路德谈到摩西为我们提供了很好的信心的例子，以及对不信的惩罚(*LW*, 35: 174)。他还指出，例如登山宝训的要点在于宣讲律法的完备，而罗马天主教把登山宝训说成是只适用于属灵精英的教训，蒙蔽了其真正含义(*LW*, 21: 3-4)。

> 一个宣讲福音的人理当首先把律法和罪揭示出来，将凡不是从圣灵和对基督的信心所产生出来的事物，都加以斥责，并以之为罪，好使人认识自己和自己的可怜，好变为谦卑而请求援助。⑬

律法的作用是捆绑、拆毁，因此牧师的首要任务是以让律法发挥此功效的方式来宣讲律法。他必须展现给会众一幅画面，让他们看到上帝超越一切的荣耀与圣洁，促使会众意识到他们怎样亏欠上帝的荣耀，带来灾难性的后果。他的任务绝不像典型的美国电视布道人那样：讲些激励性的话，提升自我形象，让人越来越自信。对路德而言，那些都是撒但的谎言。传道人最首要的目标是破碎听众的自信，让他们对自己绝望。

当律法的宣讲使人对自己绝望时，牧师此刻的工作是宣告福音，指向基督。这就是福音：讲述主耶稣基督的生平、工作和重要意义。就像路德在他的《新约序文》中所表明的："所以，福音不是别的，只是宣扬上帝的儿子、大卫的后裔、作真神真人的基督，这基督借着他的死与复活为一切信他的人征服了罪、死和地狱。"⑭因此，讲道描绘了激动人心的转变，从揭露自义的愚蠢、培育人对自己的绝望和谦卑的心，到提供主耶稣基督里的安慰、通过信心抓住他的

---

⑬ *LW*, 35: 372.

⑭ *LW*, 35: 360.

应许。

路德亲自展现这种讲道方式的一个好例子是他于1522年10月22日在魏玛(Weimar)讲的一篇道。他所讲的经文是《马太福音》22:37—39:"耶稣对他说:'你要尽心、尽性、尽意爱主你的上帝。这是诫命中的第一,且是最大的。其次也相仿,就是要爱人如己。这两条诫命是律法和先知一切道理的总纲。'"⑮

讲道以宣讲坏消息开始:律法要求人爱上帝和邻舍,而这种爱对堕落的人来讲是完全不可能做到的。路德阐明,那些典型的宗教行为如禁食或祷告,若非出于对上帝完美的爱,便毫无用处;而因为没有人能拥有这种完美的爱,在上帝面前这些事情都是无用。路德继而指出,亚伯拉罕是出于对上帝的爱才甘心顺服献上自己的儿子,而后来以色列民放纵自己,献孩童为祭(诗106:37—38)是可憎的,因为他们的行为是出于对上帝和他的话语的厌恶。接下来,路德用他特有的方式把这批判连接到当代,指出当时的神父们强制人们去朝圣,并把这作为强化忏悔并赚取上帝恩惠的途径。这背后是对教皇的虔诚,而非对上帝。其实,律法要求完美地爱上帝,这对任何人来讲都是不可能的,因此我们所有人都被定罪。路德同时也猛烈抨击了修道主义,证明向修会起誓是无效的,因为这些誓言阻碍人真正追求对邻舍的爱。最后,路德在总结段落里宣讲了崇高壮美的福音:

⑮ 这篇讲章在*LW*, 51: 104 - 111。

> 因此，这就是律法要求的，它说：你要爱基督和你的邻舍；若做不到你便永远被定罪。然而，接下来基督来了，他说：我受了苦，死过，又复活了，好叫我可以用我的圣灵的丰盛与恩典充满你，并因此坚固你。所以，如果你有圣灵，那你就不是在外面的灵；不，你有救恩。这人会如此想：现在，主耶稣，我要服侍你，为你死，为你活，耐心忍受一切从你和从人来的苦难；照你所喜悦的对待我。这人的罪将被基督的宝血洗净。
>
> 因此，如果我有圣灵，我就有信心，并透过信心倚靠上帝。如果我信靠上帝，我就有他的爱，我就爱上帝、仇敌与朋友。这就是为何保罗说：我靠着上帝的灵，凡事都能做
> 94 [腓 4：13]。圣灵不会通过禁食、祷告、朝圣、奔走乡间而降临；不，唯独通过信心。所以，基督赐给你恩赐不是因为你有任何的功德，他做在他[也就是保罗]身上的，也做在你身上。当然，在这里你必须小心，不要认为你有能力相信；必须由上帝把信心赐给你。[16]

在路德同一天讲的下一篇讲道中，他再次阐述了律法的要求，不过这次他更详细地展开讲解了福音，尤其是讲到信徒如何获得基督作为他们的财富，并因此享有基督工作的福祉。他强调使人成为

[16] *LW*, 51: 109 - 110.

基督徒的并不是人自己外在所做的任何事，而是信心和洗礼。换句话说，成为基督徒的意思是拥有基督所给予的身份，这也是基督徒生活的根基；也就是说，基督徒生活不是基督徒身份的基础，这身份的基础乃是上帝的道，以及用信心领受这道。⑰

对路德而言，宣讲圣道是教会强大的核心，是改革真正的基石与工具，不论是个人改变还是教会整体的改革。也许，他最强烈地表达这一观点是在 1522 年的维滕堡。当时路德刚从瓦特堡回来，正值卡尔施塔特与慈威灵在茨威考三先知的协助与煽动下，开始发动维滕堡破除圣像运动（iconoclasm）。面对社会混乱的局面，又被骑士阶层的支持者们抛弃，路德经历了前所未有的脆弱时期。如果宗教改革运动变成一场政治革命，智者腓特烈选帝侯将别无选择，只能撤回他的支持并终止改革运动。在这种境况下，毫不夸张地说，路德真的是靠讲道把宗教改革转向了稳定的正轨，赢取众意，击溃激进的极端潮流。

其中一篇讲道对圣道的能力做了令人难忘的阐述：

> 我要继续讲道、教导、写作，但是我不会强迫束缚任何人，因为信心必须是自由产生、没有强迫的。以我个人为例。我反对赎罪券和一切教皇派，但是绝不是用强制力来反对。我只是用上帝的道来教导、讲道、写作；除此之外，

⑰ *LW*, 51：116－119.

> 95 我什么也没做。而当我睡觉时(参可 4：26—29)，或者当我与我的好友菲利普和阿姆斯多夫一起喝着维滕堡啤酒时，道大大削弱了教廷，甚至超越任何亲王或皇帝对其造成的伤害。我什么也没做，是道成就了这一切。[18]

这是路德宗(当然也包括改革宗)牧师的梦想：坐在酒吧里喝着啤酒，而道则在外面横冲直撞，击溃鬼魔，拆毁邪恶的堡垒，带领基督徒们进入上帝的国。当然，这是路德说话的一贯风格，用风趣、震撼或从容的方式吸引人心，同时又严肃地表明他的观点，即上帝的道是强大的、有能力的；这一段落和整篇讲道里所透露的神学正是这种能力的体现。正如路德写作的著名圣诗里提到幽暗之君，“主言一出即倒倾”。[19]

---

⑱ *LW*, 51：77.

⑲ 1527 年左右，路德写作了他最有名的诗歌《上主是我坚固保障》。

总结思考

各位牧师或信徒读路德的讲道时，会很快发现一些特点。路德的讲道风格，很像司布真，他在解经时不是太严谨，也正因如此，在他死后不久，他的注释书和讲道集便几乎无法被用作解经资料。或许，他的第二本注释书《〈加拉太书〉注释》（也是他最伟大的注释）是个例外，这本注释书被多次重印，并且被译成多种语言。但是，这大概是因为这部作品出色地阐述了路德因信称义的教义，而并非因为它是逐节解经的典范。

现代人读路德的讲道时应该也会发现，所有的讲道似乎都相同。这是因为所有的讲道都反映了福音与律法的模式。对路德而言，讲道的目的是粉碎人的自义，然后将他们引向上帝在基督里的应许。这种从律法到福音、从愤怒到恩典的转变，正是基督徒日常生活的核心，因此在讲道中要体现出并促进这种转变。尽管这种讲道有戏剧般的力量，但同时也是路德讲道的某种定势。

这两点观察结果好像有点批判的味道，从某种程度上讲也的确如此。传道人讲道的方式，应当像圣经本身一样，丰富而有变化。这就是说，在准备讲道时，要避免一成不变的套路。然而，我想说的是，路德的方法的确对我们所处的这个时代有所启发，因为我们文化中强烈的个人主义甚至也极大地影响了基督徒的思想。 96

从小到大，我们一直被灌输：我们每个人都是独特的。甚至有人借着上帝的名义来讲这种话。电视布道人和巨型教会的牧师，大谈特谈“活出你最美好的人生”，他们实际上是把上帝描绘成迎合每个人不同需求与关注点的上帝。可怕的是，讲道也开始迎合个人的需要，更糟的是，讲道被边缘化，因为每个人都要求牧师在讲道中以某种特定的方式满足自己的实际需要，解决自己的实际问题。

路德的讲道方式，至少从两个方面回击了自我中心的讲道方式，让我们耳目一新。第一，他在讲道中应用律法与福音的分类，这抓住了一个极其重要的真理：所有人，尽管各不相同，在上帝面前的身份并不独特。只有两种途径可以来到上帝面前：要么靠律法，要么靠福音。任何人在上帝面前只有两种状态：要么在愤怒之下，要么在恩典之下。尽管每个人都有自己的成长经历与生活环境，有各自要面对的问题与挑战，但是最基本的问题只有一个，就是去寻找满有恩典的上帝，而答案也是只有一个。

因此，路德的讲道首先提醒我们一项重要真理：我们不是宇宙的中心；上帝才是。我们并不独特，所以也不需要为人生最大问题量身定做一个答案。答案只有一个：上帝在基督里的应许。因此，传道人与听道人必须都明白，我们在星期日所能听到最重要的信息不是什么励志名言，教我们如何获得美好婚姻、如何提升自我形象、如何养育儿女。最重要的是聆听上帝在基督里成就了什么，并且用信心抓住这信息。当基督教屈服于当代文化的特殊主义自负观，轻看讲道，视其等同甚至低于一对一辅导时，这是一剂强效的解毒药。

第二，路德的讲道神学提醒我们道本身具有能力，因为它是上帝的道。路德认为律法与福音都具有道德力量。二者能揭示每个神学家的内心，实际上我们每个人都是神学家，要么是荣耀神学家，要么是十架神学家。在道中，每个人所面对的不是什么概念想法，而是直接面对上帝自己。我们所面对的要么是一位超越、圣洁的上帝，要求绝对完美，令我们生畏；要么是一位自己成为软弱，死在十字架上的上帝，好使死亡在我们身上无法继续掌权。当这样的道被宣讲时，圣灵就用这道来行出强大的神迹。技巧变得不那么重要了。派对把戏、独角喜剧、杂耍表演都是多余无谓。实际上，路德如果知道这些，他会认为这是混淆类别，试图篡改上帝的工作，把上帝的工作变成我们自己的工作。他会视其为混淆律法与福音。讲道是蒙恩的管道。道是由传道人讲的，但这只是最表面的。真正的道是从上帝来的，当然是通过他的仆人——但是并不是仆人赋予道能力。这就是为什么路德能够宣告说宗教改革运动根本不是他做的，而是上帝的道产生的。

因此，在路德的神学里，上帝的道和讲道处于基督徒生活的中心。每当讲道人登上讲台，就像开始了一场舞台剧。从律法的一幕到福音的一幕，基督徒最根本的挣扎就呈现出来。但是这绝不只是戏剧化的表演：当道被宣讲时，基督徒被律法拆毁，又被福音建造起来。讲道是一项超自然的行动，这一点应该给予每位有责任解明上帝话语的讲道人信心和保障。路德对基督徒生活的看法，与他对宗教改革运动成功的看法一致，基督徒生活最首要的是扎根在宣讲的道本身具有的势不可挡的能力上。

99

第四章 基督徒生活的礼拜仪式

如果我能通过孩子的眼睛，
看世界，
这将是多么美好的世界。

——佩西·克莱恩,《看世界》

礼拜的生活

对路德而言,如果基督徒的生活是扎根在教会集体的聚集中,尤其是当上帝的道宣讲给会众的时候,那么礼拜仪式就显得同样至关重要。在路德头脑中的这个领域或许让许多现代福音派信徒觉得陌生。在复兴主义(revivalism)和巨型教会运动(megachurch movement)的影响下,福音派发展到今天已经不再特别关注礼拜仪式了。

在深入谈论路德的礼拜仪式前,我需要指明一个事实:每个教会都有一套礼拜仪式。当然,不是每个教会都有一套像传统圣公会那种正式的礼拜仪式,比如使用公祷文等;但是每个教会都有组织礼拜程序的方法,都有一套规定程式(就算只是唱赞美诗)。这就是礼拜仪式。因此,问题不是教会有没有礼拜仪式,而是教会有的是哪种礼拜仪式。我们还可以继续追问,我们所使用的礼拜仪式是有意识地彰显我们的神学,还是无意识地暴露我们的神学(甚至是暴露我们在神学上的缺乏)。 100

只需要稍加思考就会发现,路德在神学上的革新——宣讲道的中心性,以及因着恩典、借着信心,凭上帝在基督里的应许而称义——会带来在礼拜仪式上的重大改变。中世纪时期,礼拜仪式都是用拉丁文进行,整个仪式的中心是弥撒。路德认为,礼拜仪式需要用通俗的本地语言进行,而讲道必须处于基督徒生活的中心。

我们已经谈过讲道的神学和本质,但是这种公共宣讲圣道应该在什么样的礼拜仪式中进行呢?讽刺的是,尽管路德被视为行动力极强的人,但直到1525年,距离他第一次进入公共视线已经将近八年之久,他才在维滕堡实现全德语的礼拜仪式。事实上,他改革礼仪的步伐踌躇而平缓。在1523年出版的一本小册子《维滕堡教会弥撒与圣餐规章》(*An Order of Mass and Communion for the Church at Wittenberg*)里,他描写了自己的改革方法:

> 直到如今,我只使用书籍和讲道来使人们从心里放弃他们对礼仪不敬虔的看法;因为我相信,我应该鼓励用和平的方式来移除撒但借着罪人在圣所建立的可憎之事,这是基督徒该有的行事方式,也是有益的。因此,我从未使用过威权或强压。我也没有发明任何新事。我既踌躇又

> 畏惧，一部分原因是人们信心的软弱，我无法立刻把一个人们已经习惯的旧礼拜程序换成一个罕见的新程序，而更主要的原因是我担心浮躁挑剔的人们会像没有信心或不理智、不洁净的猪一样一拥而上，这些人只喜欢新奇之事，而当新鲜感消失时又迅速厌倦。这种人在其他事上也令人厌恶，而在属灵事务上，他们更是绝对令人难以容忍的。然而，我强忍着不爆发怒气，我必须容忍他们，除非我想让福音本身被人拒绝。①

在此，路德直白地阐明，他在意的是如何细心呵护脆弱的良心，并且不给那些一味追求新奇的人留余地。他强调自己的目的不是
101 废除有仪式的敬拜，而是按照他神学上的改革来修正、净化礼拜仪式。② 所以，他在 1523 年所描述的礼拜仪式依旧非常保守，基本上是传统弥撒的净化版，只有讲道和一部分诗歌不用拉丁文了。事实上，路德根本不是把他自己的神学原则应用在礼拜仪式改革的先锋：巴塞尔和普福尔茨海姆(Pforzhelm)的教会早过维滕堡，率先使用了本地语言的礼拜仪式；而路德曾经的盟友、后期的死敌，托马斯·闵采尔在 1523 年就开始用德语举行弥撒礼、晨祷(matins)和晚祷(vespers)，这也使他成为最有抱负的早期新教礼拜仪式的专家。

---

① *LW*, 53：19.
② *LW*, 53：20.

甚至到了1524年，当路德写文反对极端激进派时，他表示自己很高兴看到用德语主持的弥撒，但是他也提到这种做法不应该变成强制性要求，否则就成了新的律法主义。他对德语弥撒也并不满意，认为未能完全表达出礼拜的美。③ 直到1525年10月29日，维滕堡才开始完全使用德语来举行弥撒，并且直到1526年，这个礼拜仪式的范本才正式出版。

有趣的是，从对《教会被掳巴比伦》的争论到真正以这部作品中的观点来举行弥撒，花了整整五年的时间。甚至在1526年出版的德文弥撒仪文的序文里，路德依旧强调，如果这触犯了脆弱的良心，教会就不要强制执行。④ 事实上，路德并未反对继续用拉丁文来举行弥撒，只要会众们熟悉所使用的语言即可。他表示，其实他希望所有德意志的基督徒都能熟悉掌握拉丁文、希腊文、希伯来文和本地语言，若果真如此，他很乐意用全部四种语言来举行礼拜。⑤

重要的是，我们要明白路德是以一名面对会众的牧者身份来讨论基督徒生活的问题。他似乎明白，改变美学观和人们已经熟悉的

---

③ *Against the Heavenly Prophets*，*LW*，40：141.

④ *The German Mass and Order of Service*，*LW*，53：61.

⑤ *LW*，53：63. 关于路德保守的美学观及其与教牧敏感度的关系问题上，我们需要留意**弥撒**这个词一直被保留在路德宗的神学与礼拜仪式中。实际上，熟悉《协同书》的读者会知道，这个词在路德宗教会中直到今天依旧保持着认信地位。在德文和拉丁文版本的《奥格斯堡信条》第24条都使用这个词，并且（至少在德文版本里）宣告路德宗信徒对这个词的态度比罗马天主教更崇敬热切。

事，常常成为教会改革中最大的挑战。许多20世纪80年代的牧师，102 经历了带领会众从英王钦定版圣经过渡到其他新的英文译本之后，都会毫不犹豫地赞成这点。旧译本的确拥有后续英文译本无可匹敌的美感，但毫无疑问，比起其他后续更清晰的译本来，也更加难以理解。但是，更换圣经译本常会激起人们的反对。虽然这其中包含许多重要的学术讨论，如文本的依据、翻译的哲学理念等等，但会众反对的最主要原因在于人们不喜欢改变。人们总是喜欢自己熟悉的事物。这本身并不是一件坏事；但这却使改革变得棘手，涉及如何把伤害降到最小。

路德在一本小册子《论公共敬拜秩序》(*Concerning the Order for Public Worship*，1523)里阐述了他对礼拜仪式改革的教牧性原则。其中，他列举了中世纪礼拜仪式传统的三大主要错误。第一，也是最严重的错误，就是道被压制无声了，路德的意思是说讲道几乎完全消失了，只有读经和唱诵。第二，道的消失意味着各种荒谬的寓言故事和诗歌渗入了公共敬拜。第三，敬拜仪式本身被当作是做给上帝看的善行。⑥

路德的最后这一点反驳值得我们留意。显然，这是他经典的辩论议题：人类可以给上帝什么以赚取他的恩典，这也构成了他反对罗马天主教祭司制度和圣礼观的基础。但是这也有另一层有趣的含义：如果敬拜不是我们献给上帝的一种东西，那么我们就必须从

---

⑥ *LW*，53：11.

上帝自己行动的角度来理解敬拜。敬拜要么是我们对上帝恩典的回应,要么是上帝把恩典给我们的渠道。根据之前探讨的道的神学,我们得出的结论是,从深层来讲,敬拜本身是上帝的行动:当道被宣讲时,是上帝在行动。⑦

这也是为什么路德在这本小册子里强调,会众绝不应该在聚集时没有讲道和祷告。⑧ 他也提出要在公共敬拜中持续读经,在一定时间内通读整本圣经。这听起来好像是个高标准,拖长了敬拜时间,但是路德预想的是敬拜应该每天都进行,很可能一天至少两次。 103
他不是说所有人都必须每天参加公共敬拜,不过这个想法的确反映出,在那个大部分人没有阅读能力的时代,只有这样才能让人们明白圣经。而这也体现出,在路德的神学里,明白并有规律地接触上帝的道是基督徒生活绝对基本的要素。⑨

这表明了路德处理礼拜仪式的惊人之处:从非常现实的意义看,教会聚集崇拜是一种教理学习活动,不是以要理问答形式进行,而是在更广的意义上作为信仰的学校。聚集敬拜是为了教导会众扎实健全的神学,这是建造生命的基础。

---

⑦ 这一点在《海德堡要理问答》(Heidelberg Catechism)中也有所提及,这份和平的要理问答于1563年在海德堡出版,旨在促成改革宗和路德宗(或梅兰希顿派)之间的合一。《海德堡要理问答》分为三大部分:愁苦、恩典和感恩。重要的是,要理问答把教会论放在了恩典这一部分来讨论。因此,要理问答的结构突出强调教会本身是上帝恩典的行动,而不是人对上帝恩典的回应。

⑧ *LW*, 53: 11.

⑨ *LW*, 53: 12.

这其中出人意料却又体现出教学含义的元素，就是路德强调在敬拜中要使用音乐。实际上，他迟迟未能组织并实施德语弥撒的一大主要原因，是他深信德语弥撒需要优秀而合宜的音乐。

在反对极端激进派的主要作品《在形象和圣礼上反对那些天上的先知》(*Against the Heavenly Prophets in the Matter of Images and Sacraments*，1525)里，他表明了这一点：

> 我当然很高兴看到今天就有德语弥撒。我也正在为此努力。但我更希望它具有真正的德语色彩。翻译拉丁文并保持其拉丁文语调特征是我所赞许的，尽管这不会很优美或完善。在文本和语调、重音、旋律、表达方式等方面，都应当是出于母语及其词形变化，否则就只是一种沿袭和模仿的样式而已。[10]

从各个方面看，这都是一段引人入胜的话。首先，这段话体现出路德意识到敬拜美学是一件重要的事。形式与内容要相吻合，对会众起到强化、强调内容的作用。喜欢音乐的人都知道，音乐具有情感和心理上的力量，这种力量很神秘，似乎经常在潜意识层面发挥作用，令人难以抗拒。音乐也有助于语言记忆，从我能记住无数过时的摇滚乐歌词就能看出来。路德对此了如指掌，他知道单用言

---

⑩ *LW*，40：141.

语不足以呈现宗教改革式弥撒的剧本；音乐的表达也占有极其重要的地位，特别是考虑到整体的教导目的。⑪ 104

正如我们看到的，路德非常关注敬拜的教导作用，他把一整周都作为通过教会礼拜提供信仰教育的机会，这的确令人印象深刻。周一和周二集中教导十诫、使徒信经、主祷文、洗礼和圣餐礼。这些内容从中世纪时期起就是基督徒要理问答学习的基本内容，而路德也很明显把它们视作基督徒生活的根基。周三教导《马太福音》，而周六下午则教导《约翰福音》。周四和周五用来学习其他新约书卷。周日是个大日子，有多次敬拜，三篇讲道专门讲福音书。这一切最终的目的是“让上帝的道在我们中间自由通行”。⑫

这种一整周都有礼拜的安排对今天的基督徒来说也许太过分消耗了。如今，很少能看到每周日参加两次礼拜的基督徒，也很难找到有早间与晚间两次敬拜的教会。但我们必须记得，路德的会众大部分是文盲，所以教会是他们能够真正学习上帝话语的主要场所，甚至对许多人来说是唯一的场所。当然，或许只有很少部分人真的能从每一次礼拜中有所得，但这并不重要。路德认为，会众一

---

⑪ 对音乐的关注也表明，路德具有一定的文化敏感度：某些旋律和音乐形式在一些特定文化中显得很融洽，但在其他文化中就不一定那么和谐。以我的个人经验为例：2001年搬到美国来之后，我参加的是一间只唱《诗篇》的教会，因为我在苏格兰时，所属的宗派只唱《诗篇》。令我惊讶的是，两个教会虽然使用同一本《诗篇》歌本，所唱的曲调截然不同；就算是曲调一样，在美国，教会唱诗的速度也比老家的教会快一些。每种文化都以微妙的方式影响着其美学，最终结果并不一定完全不同，在不同环境下，结果可能完全一样。

⑫ *LW*, 53: 68 - 69.

同聚集的敬拜，从救恩、生活体验以及教育的角度来看，都是基督徒生活的核心元素。

忏悔：近乎圣礼

路德宗的礼拜仪式的一部分，甚至在路德在世时，就引起了其
105 跟随者的争议，那就是悔改与赦罪。对于悔改，即认罪，不论是公共敬拜中还是一对一的牧养中，是否算得上圣礼，路德对其态度有些模糊。

中世纪神学认为，悔改与神父宣告赦罪绑定在一起，是七大圣事（圣礼）之一。路德对此无法确定。1519 年，他讲了一系列关于圣礼的道，当时他很乐意把忏悔称为圣礼，因为它对平复基督徒不安的良心非常必要。[13] 他宣称，在圣礼中有三样元素：神父的话语、上帝的恩典，以及基督徒的信心。[14] 而到了 1520 年，在他的圣礼改革大作《教会被掳巴比伦》中，他的态度变得前后矛盾。在这本书的开头，他把圣礼的总数缩减到三个：洗礼、弥撒和忏悔。[15] 可是，到了书的末了，他发现圣礼这个词严格来讲应该限定在那些有标记性的事务上，这就意味着忏悔被排除在外。[16]

造成这种矛盾心理的原因更多是语义而非神学。关于忏悔，路

---

⑬ *LW*, 35: 9.
⑭ *LW*, 35: 11.
⑮ *LW*, 36: 18.
⑯ *LW*, 36: 124.

德想要表达的基本意思很清楚明了。他拒绝罗马天主教的做法——把忏悔所具能力归于执行圣礼的神职人员，认为这导致他们滥用权力，拦阻赦罪，并扰乱人的良心。⑰ 从正面来看，路德认为忏悔——即向另一个人承认自己的罪，并从那人得到福音赦罪的宣告——是健康的基督徒生活所必备的基本元素。⑱ 其实，在《施马加登信条》第 8.1 条里，路德强调忏悔与宣告赦罪十分重要，对那些良心柔和软弱的人尤为如此。⑲

从路德本人的实践看，他拒绝以教会权柄强制执行私下保密的忏悔。⑳ 然而，路德敏锐地意识到，和宗教改革的许多方面一样，实践操作上的改变会对普通百姓的生活造成巨大影响。因此，他采取了温和而循序渐进的方法。到了 1522 年，他从瓦特堡回到维滕堡，要重新建立秩序，把城市从卡尔施塔特与慈威灵的极端激进改革中扭转回来。在角逐改革运动的控制权时，他讲了一系列的道，有一篇是在 1522 年 3 月 16 日讲的，被称作“第八篇讲道”，其中提及忏悔认罪的问题： 106

⑰ *LW*, 36：83 - 84,123.

⑱ *LW*, 35：10 - 11.

⑲ “既然宣赦或论钥匙权也是基督在福音中所设立，作为抵抗罪恶和有亏的良心的一种援助和安慰，那么认罪或宣赦在教会中就决不应废掉，尤其是为着畏怯的良心和未受训练的年幼之人，不应废掉，好使他们可以有基督教教理的训练。”(*BC*, 312)(本书引用的《协同书》，中译主要参考译林出版社 2003 年版，个别地方有修改或重译。以下不另外注明。——编者注)

⑳ 参见《施马加登信条》第 8.2 条(*BC*, 312)。

我不允许任何人把私下的认罪从我这里夺取，就算是放弃全世界的财富，我也不会放弃它，因为我知道它给过我多少安慰和力量。除非一个人长久与魔鬼斗争，否则他不会知道认罪到底能带给他多少益处。没错，如果没有认罪支撑着我，我早就被魔鬼杀死了。因为有太多疑惑是人无法靠自己解决或找到答案的……我们必须多多聆听赦罪的宣告，如此可以刚强我们畏怯的良知和绝望的心来面对魔鬼并面对上帝。因此，无人有权禁止忏悔或阻止其他人忏悔。如果任何人在与自己的罪挣扎，希望摆脱它，并渴望一句确实的定论，让他去向另一个人不公开地认罪，并接受那人对自己所说的，如同上帝亲自借着此人的口向他说话一样。㉑

在此，我们看到私下认罪的力量：在这个过程中，那个强大、直逼人心、外在客观的道可以特别应用在个人身上。虽然路德并不认为每一项罪都必须这样认才能被赦免，但他相信私下的认罪是最有帮助、最可取的。

这一观念对路德及其跟随者而言的重要性，可以从改革初期路德宗内部一场鲜为人知的争论中窥知一二。路德宗的礼拜仪式中包括集体公开的认罪，以及由牧师宣告赦罪。不过这并不符合所有

㉑ *LW*，51：99.

路德宗牧师的口味。纽伦堡(Nuremberg)富有争议的改教家安德里亚斯·奥西安德尔(Andreas Osiander)表示,他担心公共的认罪与赦罪会削弱个人私下认罪的重要性。于是,在他与约翰内斯·布伦茨(Johannes Brenz)一同合著的1533年勃兰登堡与纽伦堡教会章程中,他们删除了这个元素。有证据表明,他的担忧的确有根有据, 107
纽伦堡的市民开始忽视私下的认罪,因此(至少奥西安德尔担心)错失了获得救恩确据的好机会,同时抢夺了牧师鼓励道德革新的机会。

这场争论的背景很复杂。简单来讲,宗教会议恳请路德和梅兰希顿帮助。在回复中,他们向会议指出,讲道本身就是一种赦罪的形式,不论是向群体还是个人宣讲;他们还解释道,如果人们没经历过私下认罪,很难理解公开赦罪,这也表明路德和梅兰希顿对私下认罪的偏爱。然而,这并没能令奥西安德尔满意,他认为两者同时存在的做法减弱了忏悔作为圣礼的重要性。如同洗礼与圣餐一样,忏悔作为一项圣礼必须以个人的形式进行,因为忏悔本身就包含了一对一的私下进行的含义。此外,奥西安德尔认为圣礼不只是提供恩典,而且是实际上传递恩典。显然,这种因功生效(*ex opere operato*)[22]的说法是路德所拒绝的:虽然圣礼并不只是单纯的象征,而是真的提供给我们基督,但是圣礼所提供的基督必须通过信心来领受,才能使圣礼有救赎的作用。路德在1530年写作的《天国钥

㉒ 直译为"从被作成的工作而来"。

匙》(*The Keys*)中指明：上帝的道绝不会落空；如果上帝的道在某些人身上没有产生救赎之结果，那并不是因为道本身有缺陷或弱点，而是因为人拒绝它。㉓

这场辩论的重要之处在于，它表明了路德宗教牧关怀与基督徒生活的基本预设：牧师亲身与信徒同在，并在信徒生活中发挥实际作用，这是非常重要的。在《萨克森选帝侯区教区牧师探访手册》(*Instructions for the Visitors of Parish Pastors in Electoral Saxony*, 1528)的序文部分，路德表明，他认为教区主教习惯性怠工，疏远教区人民的日常生活，是当时教会衰落的标志：

> 最坏的情况是，助手们自己留在温暖的家里，偶尔打发几个无赖或游手好闲之人去乡下或城里闲逛，他从卑劣之人的口中或在酒馆里爱说谗言的男女那里打听到一些事，报告给上级，而这些上级就开始利用手中的权柄实行欺诈，搜刮无辜之人的财产，却任凭凶案和悲剧发生，他们从中得尊荣和美名。㉔

108 与这种情形相反，牧师的第一项呼召就是要与他看护的人们在一起。借用路德在其他地方使用的特殊用语：牧师与他的教区人们

㉓ *LW*, 40: 367.
㉔ *LW*, 40: 270.

同在，不仅仅是象征性的；他要真正地与他们同在：他要在会众之内、之旁、之中(in，with，among)。这样做不仅可以帮助牧师的讲道对会众的生活更加有针对性，也会有助于他履行教导的责任，还有助于一些脆弱良心需要的一对一认罪与赦罪。

赦罪与天国钥匙的教义紧密相连，即上帝的道透过教会捆绑或释放良心；因此天国钥匙的教义要求牧师必须在场。路德的改革运动从一开始就是一场尝试修订教会权柄概念的运动。这一争论的核心问题在于，在《马太福音》16：18—19中，给彼得的钥匙到底是什么。路德认为，天国的钥匙是牧师在教会中宣讲的律法与福音。事实上，在《论教会会议与教会》里，路德把拥有天国钥匙作为教会的第四大标记，前三个分别是讲道、洗礼和弥撒。在讲道之外加入天国钥匙作为标记，是因为它直接涉及教会惩戒或赦罪，这是道针对基督徒群体或个人情况的应用。㉕

路德的天国钥匙的教义指明牧师与会众同在的必要性，以及由此而来的牧师在基督徒生活中同在的必要性。我们要谈两点。首先，在论文《天国钥匙》里，路德证明，天主教对权柄的滥用，是源于自上而下的权力结构，这个结构常常无法知道被绝罚开除会籍的人是否真的悔改自己的罪。作为回应，路德坚持认为，教会纪律惩戒需要教会会众的参与。如果惩戒真的是因犯罪造成的，那么只有当

㉕ *LW*，41：153.

地人才知道这个人到底是否悔改。[26] 如果对信徒会众是如此，对牧师更应该如此。

第二，在《论教会会议与教会》中，路德提出，有些基督徒的良心非常脆弱，他们需要从牧师本人那里获得一对一的私下赦罪。如果109 牧师不住在他的会众中间，不了解他的会众，他无法履行这些责任。若要牧师能够在这种情况下以最大果效来应用福音，他需要与人们见面，听他们认罪，并指引他们到基督面前，只有基督才是唯一的答案。这当然与路德基本关心的问题一致，即宗教改革运动能以最柔和的方式来对待最脆弱的良心。[27] 这也许很像我们今天所说的圣经辅导，当然需要注意，路德很明确地认为这是教会事务：辅导者是按立的牧师，尽管他说过信徒皆祭司，并且至少理论上讲，他的意思是说所有基督徒都有责任在适当的时机向他人应用上帝的道。

要理问答的生活

回到上面谈到的路德对礼拜仪式的改革上，令人印象深刻的是，路德把一整周都用来进行教导，其中包括传统要理问答里的要

---

[26] *LW*, 40：371－372.

[27] “第四，上帝的子民，或圣洁的基督徒，是由他们公开使用的钥匙权而识别。基督在《马太福音》18 章吩咐说，若有基督徒犯罪，就要责备他，他若不悔改，就要把他逐出教会；他若悔改，就要把他释放。这就是钥匙权。使用钥匙权，可分为公开和私下两方面。有些人的良心非常懦弱，虽然没有公开被定罪，可是他们除非从牧师得到特别的宣赦，就不能得安慰。在另一方面，有些人非常刚硬，不要他们的罪得到赦免，甚至不要牧师除去他们心里的罪。所以，必须在公开或私下分别地使用钥匙权。你在哪里看见有某些人的罪公开或私下得赦免或受责备，你就知道那里有上帝的子民。”(*LW*, 41：153)

素：十诫、使徒信经、主祷文，以及圣礼。这更进一步指出，在路德框架的更深内涵：写成的道与口授的道，与基督徒生活紧密相连——正式写作的要理问答以及问答式要理讲授（catechizing）。

口授经文要理（Catechesis）——即基础基督教信仰教导——是教会从最早期起就有的主要做法。我们所熟悉的要理问答——以问答的形式写作的教学工具——从中世纪时期出现，很可能出自 11 世纪维尔茨堡（Würtzburg）一位名叫布鲁诺（Bruno）的人之手。到了路德的时代，一问一答的结构以及问答的元素内容早已有了固定的标准。然而，需要注意，当路德用“要理问答”这个词的时候，他在特指教导十诫、使徒信经和主祷文，而不是其他问答形式的教学文件。

到了 16 世纪，各种各样的要理问答手册层出不穷。宗教改革带来了基督教王国（Christendom）的崩塌，教会亟需确保人们知道自己所信的是什么，以及为什么信。当然，这个需求远不止简单的教牧任务：神学与政治紧密相连；随着宗教改革的步伐不断前进，信仰上的认信委身决定了地方贵族的领土地位，以及在神圣罗马帝国内外的联盟。信仰认信化（confessionalization）的政治方面不是我们这里要讨论的重点，但我们需要明白，当时任何群体写作要理问答，部分原因在于与其相对的其他群体也在做同样的事情。 110

路德写了两部要理问答，由于被纳入到《协同书》里，所以在认信路德宗的圈子中，仍旧有权威地位。第七章我们会看到，路德写作这两部要理问答，部分原因是要回应 16 世纪 20 年代中期在路德宗教会内部出现的教学与道德问题。问题就是，不论是牧师们还是信徒群体，都无法像路德早期预想的那样，把教义与敬虔正确地联系起来。

这两部要理问答的目的非常不同。其中，《大要理问答》很显然不是用来记忆的，它更像一系列针对要点而做的简短讲道或训诫。我们需要明白，在宗教改革时期，不仅仅是普通信徒对新教神学一无所知，大部分人都未受过教育。甚至许多神职人员也常常无法熟练地用新教义来讲道、教导，因此他们需要一些工具来帮助他们。就像1989年的东欧，在宗教改革运动中，废黜罗马教廷的贵族们是一回事，而为每个讲台提供有能力的新教牧师则是另一回事。训练是要花时间的，许多牧师从罗马天主教归向新教，却并未真正明白必要的知识。对这些人来说，这部大要理更像圣公会的《布道书》(Book of Homilies)，被用作讲道的素材。如果他们无法自己写讲章，这部大要理至少可以给他们一段文字来念诵，或者为他们提供讲道的模板。

而路德的《小要理问答》则与今天我们所熟悉的要理问答很相似：简要的问题与答案，像传统的问答式教义学习的结构一样，覆盖了基督教的主要教义。这部作品看起来有种简单、温和的感觉，但
111 我们必须记得，路德是历史上第一位以父亲的身份来写作要理问答的人。人生经历会影响教学方法。这些年来，我一直帮助妻子教导儿童主日学，我们总能察觉，有些教学材料是由那些没有实际教导儿童经验的人写的：这些内容总是过于复杂而抽象。当父亲的人知

道，孩子们提出的问题往往是可预测的、具体的，因此，他需要的答案越简单、直接越好。这正是路德的《小要理问答》的口吻。拿前两个问答为例：

> "除了我以外，你不可有别的神。"
> 这是什么意思？
> 答：我们应敬畏、亲爱、信赖和仰望耶和华上帝的名。

> "不可妄称耶和华你上帝的名。"
> 这是什么意思？
> 答：我们应敬畏、亲爱上帝，因此我们不应指着上帝的名诅咒、起誓、行巫术、说谎、欺骗；当我们在一切患难中、祷告中、赞颂中、感谢中，我们当称颂耶和华上帝的名。[28]

这种模式很明显，就好像父子在对话。"儿子，看！那是一只鸟。""爸爸，鸟是什么？""鸟是一种长着羽毛的动物，能在天上飞，能在树上做窝。"此外，我们需要知道，小孩子单纯的信心令路德陶醉。实际上，他认为魔鬼最致命的手段就是剥夺基督徒的童真与信心。[29]孩童们对圣经教导的毫不置疑以及他们信心的单纯，恰恰正是基督

---

[28] *BC*，342.
[29] *LW*，54：55－56.

徒信心所该有的本质。这一信念从《小要理问答》那简洁流畅的教育风格中体现得淋漓尽致。[30]

路德使用要理问答教导的目的与他的神学思想有关：信仰是有112内容的。想要理解律法与福音，我们需要要理知识。想要理解基督的工作，我们需要要理知识。想要与上帝建立"关系"，我们需要要理知识。事实上，当代一些人标榜的教义与关系对立，会令路德十分费解。从神学上讲，荣耀神学家与十架神学家的区分，指向不同的教义内容：二者可能使用同样的语汇，但他们用不同的内容来填充这些语汇，使得彼此截然不同。因此，教义教导对基督徒生活来说至关重要，其中关键部分就是要理问答学习。路德甚至主张针对那些拒绝接受要理问答学习的人，应当拒绝他们领受圣礼，拒绝给他们食物，让他们遭受驱逐。[31]

要理问答学习的另一重要之处在于它循序渐进、慢慢累积的特点。小要理实际上是在为更详尽的大要理学习做准备："当你们将

---

[30] "随后，看着他的儿子，他（路德）赞扬孩子的天真无邪：'孩童（比成人）可以在信心中更有知识，因为他们信得如此纯粹，对恩慈的上帝和永生毫无疑惑。哦，年幼死去的孩子多么有福。当然，这的确会令我很悲痛，因为我的身体和他们母亲血肉的一部分死去。在敬虔的父母心中，这种自然的情感不会停止，不论他们觉得自己多么刚硬无情，因为这样的情感属于上帝的创造。孩童完全生活在信心中，不需任何理由。就像安波罗修所说的：理由可能会缺乏，信心却不会。'"（*LW*，54：335）

[31] "如果有拒绝学习的人，告诉他们说，拒绝学习就是拒绝承认耶稣基督，就不能是基督徒。你们也就没有办法准许他们领受圣餐，或做领洗小孩子的教父教母或享受基督徒任何自由的权利。这样拒绝承认基督的人，当被送回到教皇和他的官吏以及魔鬼那里去。他们的父母和雇主也不应供给他们饮食，并使他们懂得国君会将这样粗暴的人逐出国外。"见《小要理问答》序文（*BC*，339）。

这简单的问答教授完了，就可再将《大要理问答》中更丰富、更详细的意义解释给他们听。"[32]这种教学方法从许多方面看都意义深远。首先，就像他小心谨慎对待礼拜仪式创新一样，他也强调要理学习需要从头至尾用同样的词汇和表达方式。教导的顺序是先教导人们纯正话语的形式规模，然后再教导这些话语的含义。很显然，路德认为重要的是先要有一套纯正话语的形式，有了这套形式，才能建立纯正的内容。[33] 第二，从小要理到大要理，学习的过程是持续不断、由浅入深进行的。

这是很重要的一点。路德认为，基督徒生活应当是不断在知识上长进的。虽然我们今天所处的时代常常迷恋关系性的信仰方式而把教义排除在外，但在路德的思想中，这两者并不矛盾。学习教义就是在学习认识上帝和人：在上帝面前我们是谁，上帝向我们启示他是谁。这是**启示性的**（revelational）。在启示中，十架是镜片，通过这镜片才能理解上帝和人。同时，这也是**关系性的**（relational），两类神学家的基本区别不能随便简化成教义区分。这既与教义相连，又与个人信仰相连。这实际上恰恰决定了一个人在上帝面前是谁，在世界面前是谁。 113

这又带我们回到所有基督教教育的最基本目的上，以讲道为例：基督徒生活的特点就是基督徒认识到他们由于自己的自义只能

㉜ *BC*，340.

㉝ *BC*，339.

在上帝面前被咒诅，因此他们在上帝面前悔改，调转方向用信心抓住基督。这里的每一点都是教义性的，要求我们知道上帝是谁，我们为何被造，以及在堕落后我们该如何被上帝接纳为义。然而这里每一点又都是生存性的。律法令我们恐惧；福音带给我们安慰。律法与福音是客观的真理，但它们却对人类最深层的存在产生影响。十架神学家对基督的认识就像妻子认识自己的丈夫一样：不仅当她看到他时能够认出他，而且她的心跳会加速，她的思绪里填满了美好的回忆、向往与期盼；多年之后，她对他认知增长，她的爱也随之增长。她对他的认知超越了概念性的知识，是包含事实的(factual)，在她最深层的存在中影响着她。这也应该是教会对基督，她的新郎，所当有的爱。

总结思考

路德对基督徒个人生活的理解，从某种角度看，是那么令人耳目一新，那么简单、平凡、直接。在我们今天生活的时代里，教会总试图去寻求新颖的、精心设计的方法去赢取更多人信主，进行门徒训练，带领人们在信仰上更成熟。路德的方法却不同。路德的方法基于上帝在基督里采取行动这一客观事实，这种客观性是在上帝的道里陈明的，因此他视基督徒生活的动力是阅读、聆听上帝的道，尤其是在会众集体的环境中。

这对长久困扰基督徒们的许多难题提供了解决方案。首先，人们总是觉得需要圣经之外的一些东西。以奇闻而博得畅销大卖的书籍——不论是从濒死中复活的人讲述的故事，还是宣称自己有直接从上帝而来的特殊启示——都表明今天的基督教世界迷恋那些非同寻常的东西。

但路德会回答说这些东西都是多余无用的，因为我们真正需要的是上帝的道，而这道是上帝以简朴、平凡的方式赐给我们的。为什么要去读一本专门讲某个小孩子声称自己死而复活的书？你有四卷福音书可以读，你可以在那里找到上帝，在那里你能找到那位披戴软弱的肉身、死过又复活的上帝！为什么还妄想从上帝获得更多的特别的话语？你有上帝最伟大的道——基督！每当圣经被阅读、宣讲，或借着忏悔被应用在个人身上时，基督就被呈现在每个人眼前！路德会把这些畅销书视作人们奋力想成为荣耀神学家的结果，我们总是不满足上帝决定启示自己的方式，想要一个符合我们想法与需求的上帝。

因此，路德为牧师和教会提供了基督徒教育的模板。牧师们应当把他们的讲道和教导集中在基督徒生活的基本要素上，因为从某种意义上，这些基本的真理正是基督徒生活的全部。教会应当有意识地按照他们的神学信念来塑造礼拜仪式。感觉舒服的元素，看起来很酷的东西，甚至处境化的需要，在上帝借着基督向他的子民宣告的真理圣言面前都相形见绌。其他一切要素都必须绝对服从于上帝的道。对路德而言，每次常规例行的敬拜都是一部正在上演的戏剧，会众们被带动去经历从律法到福音，从认罪悔改到信靠基督。每次的敬拜都极富情节地重现了上帝子民的故事，因此每次敬拜都是对我们身份的一次提醒，一次再确认，甚至一次再创造。今天，有多少教会的敬拜可以真的做到这些？

路德同时也提醒我们，教会所领受的呼召是按照要理问答里陈述的教义来培养基督徒的生活。教会存在的目的不是为了帮助人们建立自我形象、学习如何做好父母、如何获得美好婚姻，更不是教人们如何在当下活出最好人生。在 21 世纪的美国，这些已经被人们当成一种约定俗成的观念。但是教会存在的目的并非教导这些，而是教导关于上帝的事。因此，对教会来说，教导要理问答要比举办亲子教育讲座或个人理财课程重要得多。尽管这些事情也值得留意，牧师也应当在单独牧养时处理这些问题；但这些不是教会的首要任务，而只有当那些最重要的事情已经谨慎教导过之后，才可以来谈这些。

当然，在路德教导礼拜生活的背后，是他对上帝的道始终不渝的信心，他坚信道本身能够完成上帝要求的任务。这正是路德所理解的平凡的基督徒生活和教会与当今教会礼拜仪式混乱之间的差别所在。十架神学家知道，上帝的道在软弱之中可行万事。荣耀神学家则认为这是愚拙，他一直向这个世界寻求更加成功的秘诀。在这令人惋惜的现实面前，《哥林多前书》1：25 对我们来说是关键提醒："因上帝的愚拙总比人智慧；上帝的软弱总比人强壮。"对路德而言，十架神学决定了教会、敬拜，以及门徒训练等一切事的本质。不论世界如何反对，教会要做的就是传讲基督并他钉十字架。 115

117 第五章 依道而活

主言一出即倒倾。

——马丁·路德,《上主是我坚固保障》

到目前为止,我们阐述了路德如何理解上帝透过他的道来创造、拯救,这是路德处理基督徒生活的神学基础。我们也注意到,路德认为道需要通过教会的宣讲与教导,刻印在基督徒心中。这种教导在信徒的生活中印上一种礼拜与教导的生活样式,体现在教会的仪式和路德所写的要理问答的结构中。

现在我们要问:那么每天"正常"的基督徒生活到底是什么样的?道和圣礼到底是如何在基督徒个人不同生活环境中发挥作用的?面对在生活或信仰上有挣扎的基督徒,路德会如何建议他使用上帝恩典的管道?

敏锐的读者或许已经看到,我们越深入研究路德在基督徒生活上的看法,就越发现他不会同意今天福音派的看法。的确,路德很重视圣经,就像我们谈过的,但是他同时也非常看重教义,尤其认为基督徒生活的根基是客观真理,而不是主观的。

对道的实际经验

118

考虑到路德的圣道神学，以及由此产生的教会实践，我们要问，路德所期望的活在上帝话语之中的生活到底是什么样的？

在1539年编辑的德文作品集的前言中，路德给我们提供了深入了解他自己的内心想法的机会。他提到大卫王是在祷告中与上帝角力的好例子，而《诗篇》就是他基督徒生活经历所结的果子。路德选择大卫作为范例并不奇怪：研究路德的学者们已经看出，路德的改教神学的发展与他对《诗篇》的释经变化有关联。

路德在早年（1513—1515年）曾经针对《诗篇》讲过一系列的课程，被称为《训言》（*Dictata*）。在这系列课程中，一开始路德主要以基督为中心的角度来诠释《诗篇》，他的解经非常灵意。不过，到了《诗篇》119篇时，他开始把《诗篇》更多地看作是忠心的会众发出的声音，来表达上帝的百姓渴慕基督和救恩。因此，路德在解释理解旧约上发生了转变，而这个转变不仅引出了后来的改教神学，同时也为理解做上帝百姓的含义提供了经验式的框架基础。①

所以当路德后来要找一个基督徒模范时，大卫就成了不二人选，因为在《诗篇》里，我们可以发现许多地方精彩而细致地表达了

① *LW*，11：414.路德声称他打破了以往所有注释家们的理解，他接受《诗篇》字面所表达的，这是上帝的百姓所发出的先知性的话语，其中暗含了基督献上的祷告，但这不是首要的含义。参见 J. S. Preus，*From Shadow to Promise*：*Old Testament Interpretation from Augustine to the Young Luther*（Cambridge，MA：Belknap，1969）。

作为上帝的百姓到底意味着什么。路德认为,在大卫身上体现出基督徒生活中的三大要素,这三者都与上帝的话语有关。他称这三要素分别为拉丁文 *oratio*、*meditatio* 和 *tentatio*。我们可以把第一个词翻译成“发言”(speech),第二个词翻译成“默想”(meditation)。这第三个词在德文中一般被翻译成 *Anfechtungen*,这个翻译几乎无助于我们用英文来理解它。我们或许可以把这个词翻译成“对人造成负面影响的恐惧感”。但是为了简便,也为了与学术常规用法统一,我会直接使用这个德文单词。

路德认为,大卫的发言(*oratio*)指的是他不断呼求上帝。这不
119 是没有内容的乱嚷——高兴时大喊或痛苦时尖叫——而是专注在上帝话语上的呼求。大卫需要明白上帝的道里所包含的内容,并且他不断地呼求上帝帮助他明白。他的呼求有特定的对象和特定的目标。而这也应当成为每个信徒个人的呼求,这不是一件可以委托给神父或教会代做的事。“在你的小房间里跪下,用真正谦卑和认真的心向上帝祈求,好叫他透过他的爱子将他的圣灵赐予你,圣灵将光照你,带领你,赐给你知识得以明白。”[②]

但基督徒生活不仅仅是被动接受从上帝来的光照。大卫也默想上帝的道。他阅读上帝的道,他大声朗读上帝的道,他听人读上帝的道,他甚至歌唱上帝的道。[③] 有意思的是,这里的默想与中世纪

② *LW*, 34: 285 - 286.
③ *LW*, 34: 286.

神秘主义的冥想大相径庭，而与今天很多所谓的默想也截然不同。路德所说的默想是活跃的、实践的。这种默想是朝向上帝的道，他非常强调这一点，以此区别于那些强调圣灵内在引导的激进派的观点。路德认为，圣灵只会伴随着外在的道被赐下。④ 事实上，对外在的道的强调体现出，在路德的思想中，个人的敬虔与会众集体的敬虔彼此融合：道一定是由外而来的；有时是通过读经或者背诵经文；有时则是通过聆听道在教会中被朗读、阐释。

路德的这一信念，使得他对不同的教区信徒有特定的实践建议。其中最著名的例子是他针对祷告的问题写给理发师彼得·贝斯肯多夫(Peter Beskendorf)的信。路德的这位老朋友彼得，曾经问路德如何才能更有效地、持续地祷告。路德就写给他这封信来回答他的问题。⑤

> 首先，每当我因其他事务或思绪感到自己祷告冷淡、沉闷时(因为肉体和魔鬼总是拦阻妨碍我们祷告)，我会拿出我的《诗篇》歌集，赶快回到我的房间，或者如果时间正巧赶上到会众聚集的教会去，我会默默地逐字逐句背诵十 120

④ *LW*, 34: 286.

⑤ 路德第一次提到彼得其人是在1517年他写给克里斯多弗·舒勒(Christopher Scheurl)的一封信中(*LW*, 43: 189)。到了1535年的复活节，悲剧降临在理发师身上：在一场宴会上(他很可能喝醉了)，当他的女婿吹嘘自己刀枪不入时，他拿刀刺死了他女婿。路德和别的朋友替他求情，他因此免于死刑，但被终身流放。

诫、信经;如果还有时间,我会再背诵几句基督的话,或者保罗的话,或者几首《诗篇》,就像小孩子会做的。[6]

有几点值得我们留意。首先,这里提到了魔鬼的行动。我们之前提到过,在路德的思想世界里,魔鬼及其手下真的是以实体存在的。路德不是在用魔鬼的存在为罪或为质疑上帝的恩典找借口,但是那恶者一直都在,伺机等候利用罪身的软弱来摧毁圣徒。从某种意义上讲,基督徒的一生是一场与外在的仇敌展开的生死战,这个敌人总是能以不寻常的方式潜伏在我们里面。

第二,公共敬拜优先于个人私下的灵修。后者的确是重要的选择,但是路德认为,正是在公共敬拜的时候,灵命受困扰的或没活力的人会在圣徒聚集的环境中得到更好的供应。我们应该能预料到,强调上帝的道一定由外而来,很自然会做出这种选择。我可以坐在自己的房间里读自己的《诗篇》歌本,这没有任何问题;或者我可以去听别人把上帝的道唱给我听、讲解给我听,这道是在我之外、与我对峙的,因此我无法控制,我必须面对,我无法保持中立,我必须以信心或不信做出回应。

这一点怎么强调都不过分。在我们所生活的今天,特别在那些强调世俗辅导和心理学的文化里,圣经辅导已经在教会里成为趋之若鹜的流行风尚。对路德来说,与其相类似的应该是个人私下的忏

⑥ *LW*, 43: 193.

悔和赦罪，我们已经提过，路德自己维护这一做法，他也推荐其他人如此做。但路德绝不会把这种私下活动看作与教会礼拜同等重要，或甚至可以取代有规律地参加集体蒙恩之道。我们可以想象一个人跑到路德面前寻求建议，说他挣扎于得救的确据。几乎可以肯定，路德问他的第一个问题会是，你是否去教会听道、领受圣礼呢？如果他的回答是否定的，我们可以确定路德会要求这个人去参加几周的教会敬拜，再来考虑给他一些个人性的建议。如果一个人自己把自己排除在客观的蒙恩管道之外，他必定会产生属灵问题，不仅如此，路德也不会给他什么其他的帮助。 121

在论述祷告的论文里，路德也提到了背诵的用途。祷告应该是信徒每天的开始和结束时优先要做的事。但就像路德说的，魔鬼一刻不停地试图阻止我们祷告。因此，基督徒常常感觉提不起兴趣来祷告。当然，这不应该成为我们的借口，而应该敦促我们做好一些准备工作。祷告不是基于个人感觉好坏而决定的选项；祷告是基督徒生活里维系生命的至关重要的组成部分，就像身体需要吃饭一样。因此，路德建议他的朋友彼得去背诵几段基督说过的话或者十诫，以此激发祷告的热情。福音派对情感的理解，强调信主的瞬间**感觉到**（没有什么更好的词）有信心，把这感觉当作真实性的标志，以避免形式主义，因此也许会反对重复背诵的做法。不过，对路德而言，这一切都是上帝的道的外在性和客观性的体现。人们无法一直坐着听道被宣读或宣讲，在这种情况下，人们可以把道背诵给自己听。[7] 上帝的道拥有的能力无关乎我们感觉如何。只要道存在，即便是通过我们死记硬背的重复，也会被上帝使用，在我们的生命中实现上帝自己的旨意。

路德接下来把主祷文作为基督徒祷告的模板，并加以解释。[8]随后是十诫[9]和使徒信经。[10] 换句话说，他对彼得的建议非常符合他的《小要理问答》的结构和内容。基督徒的生活有一个固定的样式——一个要理问答的样式——从律法到福音，从十诫到使徒信经。尽管路德强调要重复这些关键语句，但他同时指出，重要的是其中的概念内容，而不是绝对准确的措词。把措词当作纯粹形式很危险。[11] 他还指出祷告不应冗长、繁琐，而应频繁、热切。[12] 他又针对每种祷告推荐了主要经文。他强调祷告时要为罪忧伤，为福音欢
122 喜。这不是要死记硬背；学习主祷文、十诫和使徒信经就是学习认识上帝，认识自己，以更深刻的方式理解上帝与自己之间的关系。

路德认为祷告的生活应当建立在圣经的基石上，这观点贯彻整篇论述。他称十诫是“课本、歌本、忏悔本和祷告本”，他建议基督徒可以每天轮流默想各条诫命，配合思考一篇《诗篇》或其他一章经文。[13] 路

---

⑦ *LW*, 43: 194.
⑧ *LW*, 43: 194ff.
⑨ *LW*, 43: 200ff.
⑩ *LW*, 43: 209ff.
⑪ *LW*, 43: 198.
⑫ *LW*, 43: 209.
⑬ *LW*, 43: 209.

德认为，不是想读经的渴望推动祷告；而是读经推动祷告的渴望。基督徒**感觉**对祷告没兴趣，是魔鬼在软弱的罪身上耍的把戏；解决办法就是在会众集体和个人两个层面上训练读经、默想。我们可以用婚姻里的爱来打个比喻：上帝的道要求丈夫要爱他的妻子。这条命令无关乎丈夫的感觉如何。他要以爱的方式来对待她，而当他这样做的时候，他对妻子的爱就会逐渐加深、成长。祷告也是如此：读经会使信徒的祷告生活更深入、成长。

或许，最值得注意的一点是基督徒生活实践中的**常规性**。路德提出的这些事情里，就其本身而言，没有任何一件事是特别新颖、令人兴奋的。我们所生活的时代被科技和非凡之事迷惑了。特别在美国，现代福音派已经深受 19 世纪查尔斯·芬尼（Charles Finney）领导的复兴主义影响：找到正确的技巧，你就可以达到想要的属灵成果。一般来说这些技术手段都非同寻常、引人注目。但对路德来说，这些东西都是陌生而可憎的：上帝的道本身是强大的；但是道工作的方式是平凡的、普通的。具有教理框架的礼拜仪式；诵读、宣讲上帝的道作为中心；有规律持续不断地默想上帝的话——这些才是个人灵命成长和门徒训练的主要元素。

Anfechtungen

除了默想之外，路德对道还有其他的使用方法。在中世纪神学中，基督徒灵修生活的第三项是默观（contemplation）。在这里，路德与中世纪敬虔观完全决裂，他引入了新的、有活力的元素。他认为，信徒生活的一大标志是特殊的生存性的挣扎，好像在绝望与希望之间来回摇摆。上帝的道是向整个人说话，抓住整个人，渗透到整个人的经历中。

像许多牧师一样，路德对我们今天所称的抑郁症一点都不陌生。实际上，他自己由于个性极端，易于亢奋、大怒、大喜、绝望，看起来很像典型的抑郁症患者。当然，路德当时并没有用医学和心理学的概念来思考这些事情。对他来说，一切的根源和本质都是属灵的。因此，他把他的 *Anfechtungen* 视为他经历的一部分，很容易从属灵角度来解释。

实际上，当我们面对 *Anfechtungen* 的问题时，我们来到了路德对基督徒生活理解的生存性和经验性的核心。*Anfechtungen* 是害怕、恐惧、绝望的瞬间，就如他描写自己在没有"突破性地"明白上帝在福音里的义之前，遭遇《罗马书》1：17 时的心情。当然，这些情绪随后也没有停止出现，甚至很有可能越加严重。我在后面会讨论，路德没有戏剧性的"信主经历"，他没有从恐惧中解脱出来，相反，他认为基督徒的一生就是不断地在绝望与确信之间摇摆。

Anfechtungen 的根源在于人类自身的悲剧。作为堕落的受造物，人类在地上随时遭受着咒诅以及随之而来的痛苦与挫折。我们永远无法达到我们本应该达到的地步。事实上，我们最终都注定要肉体死亡。在路德讲解《创世记》4：10 时，他阐明，罪人的良心是有罪咎感的，因此当良心开始活跃时，就改变了整个现实：

> 那些被心灵的忧伤抓住的人们会体会到相似的感受，因为对他们来说似乎一切都改变了。甚至当他们与熟人谈话时，人们说话的声音变得不同了，人们的面貌也改变了，不论他们把目光转向何处，一切都变得漆黑、可怕。邪恶的良心就是如此残酷、凶暴的野兽。因此，除非上帝安慰他们，他们必会因为他们的绝望、苦难和面对忧伤的无助而结束自己的生命。⑭

人的罪咎(guilt)能在人心里产生恐惧和厌恶。甚至连朋友都变得陌生而反感。这段文字充满了经验性/生存性的色彩，正是路德亲身经历的真实写照。 124

Anfechtungen 也可能是从过分依赖物质世界而产生。在解释《诗篇》118：1 时，路德说，一片叶子的沙沙扰动或腿脚上的一点疼痛，都可能会让我们说出一大堆咒诅和责难，甚至天地都装不下。路德说：

> (我们)就好像一位因为丢了一小枚芬尼币[德国马克的百分之一]就大发雷霆的国王。尽管他拥有半壁江山，享受数不尽的钱财，他还装作是殉难者，向上帝发怒、起咒、谴责，用各样亵渎之言喝斥他，就像今天那些该咒诅的

⑭ *LW*，1：287.

士兵们用脏话来炫耀男子气概。⑮

从这里我们可以看出路德和奥古斯丁的相似之处：对物质世界不正确的爱或倚靠把人类带入不稳固、不道德的境况中，在这个浮躁无定的世界里，哪怕一丁点儿的事也会使人被扰动，陷入混乱。此外，像后来的奥古斯丁主义者帕斯卡尔一样，我们也可以发现路德清楚地看见这种对物质世界的倚赖背后的心理学根源：人们把自己视作上帝；当现实揭露这并不是真相时，*Anfechtungen* 就随之而来，就像路德在《诗篇》118 篇的注释中继续说的：

> 良善的上帝允许这样微小的恶事落在我们头上，是为了把我们这些鼾声如雷的人从沉睡中唤醒，叫我们意识到我们领受了无与伦比、不计其数的恩典。他要让我们思考，如果他把他的良善完全从我们身上撤回将是什么后果。我们要这样来看待我们经历的不幸，上帝通过这些事赐给我们亮光，好叫我们能够看见、明白他在其他无数方面彰显的良善与仁慈。这样，我们就明白，如此微小的不幸只不过是浇在烈火上的一点水滴，是汪洋面前的一簇火花。⑯

⑮ *LW*，14：49.
⑯ *LW*，14：49－50.

这段话体现出，*Anfechtungen* 是路德神学更深层的根基中生存性的侧面。实际上，人类困境里这些黑暗的矛盾，与路德神学里许多正反对立的区分有着紧密联系。例如，两类神学家的区分取决于上帝启示真理具有的反直觉、反经验的性质。这一点对 *Anfechtungen* 来说有双重意义。首先，荣耀神学家注定会陷入绝望，因为死亡无法避免，他内心深处很清楚。他一切荣耀的抱负都终将归于尘土。这个在自我认识与实际经验之间的根本矛盾必定会在 *Anfechtungen* 中显现出来。当代社会观察发现，在西方，相比于历史其他时期，我们是前所未有地富足，我们对自然界的控制力前所未有地强大，但与此同时人们焦虑和抑郁的程度要比历史上任何时期都更高。我们把自己视如上帝，然而这种似神般的自我认识，却一直与死亡的现实相碰撞，与这世界的堕落和有限相抵触。说实话，在我们今天的时代，*Anfechtungen* 具有一种普遍性的社会苦难的特征。

第二，作为十架神学家的本质就是能够看见上帝在软弱中彰显出的大能。其中最重要的意义就在道成肉身和十字架中。上帝战胜罪、粉碎死亡的方法是那位藏在人的肉身之中的爱子亲自降卑。同样，十字架也是个例子，上帝透过相异之事来做成他本意之事。换句话说，上帝通过与人预想完全相反的事来实现他要达成的。路德在 1520 年写作的《论善功》(*Treatise on Good Works*)中，就受苦的问题继续扩展这一要点：

所以上帝为要灭绝我们的工作和我们里面的亚当，便

> 将许多激动我们发怒的试探，许多惹我们性急的苦难，与最后的死亡和世人的凌辱加在我们身上；借此他只是要在我们里面将愤怒、焦虑和不安驱逐，好成就他的工作，即平安。《以赛亚书》28 章这样说："他作别的工，好成就他的事。"这是什么意思呢？他差遣痛苦患难给我们，好使我们有忍耐平安；他叫我们死，好使我们活；他这样做一直到我们受彻底的训练，得以极其平安宁静，不拘得福遭殃，或活或死，受荣蒙羞，都能处之泰然。[17]

126

苦难将我们的个性塑造成上帝想要的样式。这些不是我们想要的，因为它们太痛苦、太令人讨厌；但是它们是上帝决定采用的方式，它们也反映了十字架的道理。因此，十架神学家能正确看到上帝藏在苦难和 *Anfechtungen* 中的目的。

魔鬼与马丁博士

在路德的 *Anfechtungen* 里还有另外一个元素，那就是魔鬼。我曾在导言里提过，路德所生活的世界与我们今天非常不同。今天，即便那些相信有位格的魔鬼存在的保守派基督徒，一般也认为魔鬼离自己非常遥远，甚至有些抽象。但对路德而言，魔鬼一直近在咫尺，他们躲在碗柜里，或藏在窗下，或在树林中，对着他耳语，带

---

⑰ *LW*, 44: 77.

来切实的试探，恐吓控告他。其实，他的《桌边谈话录》里充满了魔鬼所做的奇闻轶事，有一般的也有专门对路德本人所做的。⑱ 魔鬼和他的差役遍布各处，随时随地准备摧毁上帝的百姓。⑲ 实际上，路德有时甚至把魔鬼看作一位现实中的职业杀手。因此，当他和妻子凯蒂险些被一堵坍塌的墙砸死时，他认为没有对墙进行维护给了魔鬼一个刺杀他的机会。⑳ 魔鬼还经常试图推翻栅栏来杀人。他带来死亡，也是一切疾病和灾难的幕后黑手。㉑

可以肯定，路德认为魔鬼的首要工作之一就是使人感到绝望。因此，与传统中世纪教导相反，他认为自杀并不一定就下地狱，因为他们往往是很软弱的人，被魔鬼胜过了。㉒ 魔鬼的惯用伎俩就是让人怀疑上帝的恩典。因此，魔鬼会一直指控路德没有被真正呼召做牧养工作。㉓ 魔鬼会抓住路德某一项罪状不放，用它来搅扰路德的良心，他也会找机会对所有信徒这样做。㉔ 路德遭受的这种攻击是撒但典型的战术，他用律法和人犯的罪来与基督徒对峙，以粉碎他 127

⑱ 整理路德《桌边谈话录》的编辑们把路德与魔鬼的对话当作路德间接引用他人话语的一种修辞手段(*LW*，54：26)。他们默认假设路德不可能在说自己真的遇到了魔鬼并与他谈话。这的确有可能。但是我们不能因此就弱化路德真的相信魔鬼在他的生活中存在。即便他真的借魔鬼之口在说其他人，那也表明他所生活的时代与我们截然不同。

⑲ *LW*，54：172.

⑳ *LW*，54：46.

㉑ *LW*，54：53－54，102，145－146.

㉒ *LW*，54：29.

㉓ *LW*，54：73－74，95.

㉔ *LW*，54：34，275－276.

们的信心。[25] 就其本质而言，魔鬼一定会持续不断攻击福音，试图将其瓦解。[26] 他会把福音变成律法，以这种手段把上帝的道从基督徒那里偷走。[27] 因此，他也憎恶讲道，尽一切手段压制它，就像他透过极端激进派那种只专注圣灵的神学所做的那样。[28] 他还喜欢在基督徒独处时攻击他们，路德说他经常夜里睡觉时被魔鬼侵扰。[29]

路德所描写撒但的这些伎俩，反映出路德神学的核心：基督徒生活的根基是对上帝在基督里白白赐予恩典的确据。一切都有赖于这一点，不论是我们在上帝面前的信心，还是我们在邻舍面前的道德行为，亦或直面死亡不绝望的能力。如果魔鬼能够破坏这个确据，或者把基督徒推回到倚靠自己行为的地步——或者我们可以说，如果魔鬼可以把十架神学家转变回去成为荣耀神学家——那么他的工作就算完成了。在路德的《加拉太书》讲义中，他还提到魔鬼有时候不会直接把上帝的道完全偷走，而是试图扭曲上帝的道，让基督徒只看到一部分基督，或者以非常错误的方式看到基督。这位恶者会引用圣经，但他会把经文从语境中分离，然后抬高律法，降低基督，用律法淹没基督。这同样也会把人引向绝望，尤其当基督徒

㉕ 路德评论《加拉太书》时说，"在苦难和良心的斗争中，魔鬼的习惯是用律法来恐吓我们，用我们对罪的意识，用我们恶劣的过去，用上帝的愤怒与审判，用地狱和永死来抵挡我们，好使我们陷入绝望，臣服于他，与基督分离。"（*LW*，26：10；cf. 26：35）

㉖ *LW*，26：13.

㉗ *LW*，54：105－107.

㉘ *LW*，54：186.

㉙ *LW*，54：83，89－90.

同时在其他方面受苦时，这种方法特别有效。[30]

对于如何在这样的境况下抵挡魔鬼，路德有很多建议。也许他给出最适当的建议就是，用上帝的道抵挡魔鬼，因为这是魔鬼惧怕的东西。当魔鬼在半夜吓得路德一身冷汗时，路德所做的就是求助于上帝的道，上帝的道能轻易地战胜那恶者放在我们脑海里的所有恐惧。[31] 其实，魔鬼最怕的是被宣讲出来的道和圣礼，因为它们的能力源自道成肉身的基督和上帝应许的话语。[32] 路德还提到一种非常规战术，那就是朝魔鬼放屁。这个方法不仅路德本人实践，还有一位来自马格德堡的女士也成功使用过。然而，他认为这个方法比较危险，因为魔鬼很难被嘲弄。[33] 比这更好的办法是，在面对魔鬼时，指向自己所受的洗礼以及上帝的道，因为这些是阻挡他袭击的最安全的方法。[34] 128

不过，尽管路德谈了许多魔鬼的直接攻击，他认为魔鬼通常会使用一些媒介。当然，这些媒介工具一般不是像没维护好的墙或者畸形的栅栏这种具体的实物，更多的是属灵的途径。其实，魔鬼的战略核心是混淆律法与福音，这也说明律法与福音的区分也在整个 *Anfechtungen* 的问题上发挥影响。

㉚ *LW*，26：38 - 39.
㉛ *LW*，54：89 - 90.
㉜ *LW*，54：197.
㉝ *LW*，54：16，280 - 281.
㉞ *LW*，54：86.

Anfechtungen 与律法-福音辩证法

在第二章,我们提到过律法与福音的辩证法是路德神学的基本元素之一:律法向我们证明,我们无法靠自己的义在上帝面前站立得住,这就会把我们推向福音。但是,关键问题在于这不仅仅是神学概念的区分,它对人类生命经验也有着深刻的含义。[35]

律法-福音辩证法在新约里最经典的例子当属保罗写给加拉太人的书信了。在路德的改教生涯的两段不同时期中,他讲过两套《加拉太书》课程讲义。在 1519 年,改教运动已经开始在维滕堡加快步伐,当时路德还在整理他的思想,他在课堂上讲了这封书信,并
129 由此开始奠定他的称义观。到了 1531 年,他回到这封书信,这一次他的改教神学已经打磨光滑、十分成熟了。这第二套课程的讲义后来在 1535 年整理出版,这就是伟大的《〈加拉太书〉注释》。

在这些讲义里,路德在基督徒生活语境下极其深刻地分析了基督徒的自由,或许超越了他所有其他的作品。他论述的中心是 *Anfechtungen*。恐惧战兢是律法的产物,是我们每个人心里成为荣耀神学家的倾向所必然导致的结果。我们希望通过自己的方式来接近上帝,结果就是发现我们面前是那位完全公义、圣洁、令人生畏

---

[35] 今天一些福音派圈子里又流行对路德的律法与福音区分的讨论,我的担忧是,很多时候这些讨论似乎脱离了其本身生存性的含义。律法与福音的辩证对路德来说是痛苦的,是在绝望与希望之间的摇摆。我们会在下一章看到,路德担心在他所处的时代,有一些律法-福音式的讲道只剩下了纯粹的福音,而这不是处理基督徒生活完全符合圣经的方法。

的上帝。

在注解《加拉太书》1：3时，路德有力地指出，基督徒只能在道成肉身的基督里思考上帝。在任何其他地方寻求上帝都只能招致绝望，因为若非在基督里，我们只会遭遇令人生畏、不可测度的那位超然的上帝。[36] 这种情况下，只有基督才能带来平安。基督带来平安的方式与使徒们(以及使徒以后的其他传道人)不同，使徒们是借着传讲上帝的道带来平安；但是基督本身就是那位道，因此在他自己里面，在他的行动中，平安都有形有体地彰显出来。[37]

为这个缘故，路德认为教义，尤其是基督论的教义，对基督徒的实际生活来说绝对重要。当魔鬼过来，在我们的头脑里把我们的罪扩大，把基督缩小，威胁着要吞吃我们，掩盖福音的时候，路德宣告说解决办法就是正确认识基督是谁：

> 这就是为何我如此热切地恳求你，照着保罗的话，学习对基督真实、正确的定义："他为我们的罪舍己"。如果他为了我们的罪把自己交在死亡手中，那么无疑他不是折磨者。忧愁的人他不丢弃，堕落的人他高举，恐惧的人他带来挽回祭与安慰。否则，当保罗说"他为我们的罪舍己"时就是在说谎。如果我这样定义基督，我的定义就是正确

---

[36] *LW*，26：28－29.
[37] *LW*，26：31.

> 的，我抓住了真正的基督，他也真是我的基督。我避开一切对神性威严的思辨，在基督的人性中得以坚定。在那里没有恐惧；有的是纯净的甘甜与喜乐。它点起一束亮光，使我看见对上帝，对我自己，对一切受造物，以及对魔鬼一切邪恶力量的正确认知。[38]

130 这段话语的确庄严而动人。它是从路德思想中丰富的基督论里，更是从他自己的亲身经历中油然而生的。不得不承认，在我们今天的时代，它是非常反文化潮流的：我们很容易求助于技术，并且靠自己的努力来解决我们的问题。今天，婚姻破裂的人来到教会想听的讲道是“如何修复婚姻”。路德会坚决反对这种做法：生活崩塌的人，被试探陷入绝望的人，需要的是更加认识基督，而认识基督就是知道他是谁，知道他成就了什么。换句话说，他需要的是简单的要理问答里的教义。绝望的根源在于过分夸大仇敌——世界、肉体、死亡和魔鬼——的能力。因此，解决绝望的答案就是正确认识上帝的大能，这位上帝亲自成为软弱，取了肉身，死在十字架上。

当然，这说起来很容易。但人类的灵魂是战场。在这战场上，荣耀神学家一直设法击垮十架神学家。引用豪斯曼（A. E. Housman）一首伟大的诗《威尔士游行》（*The Welsh Marches*）：

---

[38] *LW*，26：39.

他们不停息地战斗，从东到西，
在我的胸膛上游行。
这里无休止的军队
践踏，滚在血和汗水之中，
他们杀啊、杀啊，却永远不死；
我觉得每个人都是我。[39]

从某种意义上讲，基督徒是分裂的，自己对抗自己，而律法与福音的宣讲同时加重和解决这种分裂。这带领我们往两个方向走，一边是朝向我们自己，这个方向是徒劳奔走，终点是失败；另一边是朝向基督。但是，只有当我们先被律法带入绝望时，才会奔向基督。就像路德在《加拉太书》1：3 注释里说的，人的良心知道自己无法靠自己站立在上帝面前，但这个认知本身无法产生悔改。它能做的是驱赶人们走向更加自义的深渊，就如路德同时代的宗教领袖们一样。所有这一切最终只会把人带到越来越深的绝望中。[40] 接下来，当律法把人赶到完全绝望的境地时，基督出现了，宣告赦罪和自由。[41] 这就是十字架应用在个人救恩上的逻辑：上帝使那些被他降卑的高升，使那些软弱的刚强，使那些污秽的洁净，使那

---

[39] http：//www.bartleby.com/123/28.html.
[40] *LW*，26：27，232－233.
[41] *LW*，26：131－132.

些贫穷的富足。[42]

值得注意的是，对路德而言，这并不是所谓的一次性信主的经历。律法与福音的辩证区分在信徒的生命中并不是按时间顺序发生的，也就是说，这不是一个人先在律法的定罪下劳苦，最终绝望了，然后转向基督，开始享受所谓的“最美好的人生”。律法与福音完全不是这个意思。路德是这样描述的：

[福音]击碎律法的獠牙，磨平它的毒钩和一切武器，使它完全失去能力。但对于那些邪恶不信的人，它依旧是律法；对于我们中间那些软弱的人，在不信的范围内，它也依旧是律法。在这些地方，它的獠牙依旧锋利。但是，如果我信靠基督，不论罪如何搅扰我，使我绝望，我都可以倚靠在基督里的自由说：“我承认我犯罪了。但是我的罪（的确是该受罚的罪）是在基督里（他是责罚罪的，却亲自成为罪）。这位成为罪却能责罚罪的，比本该受责罚的罪更强大，因为这是称义的恩典、公义、生命和救恩。”所以，当我感到死亡的恐惧时，我说：“死亡啊，你对我没有任何影响。因为我有另一位死亡，就是那位毁灭你的，哦，我的死亡。那位能毁灭死亡的死亡，比那位被毁灭的

[42] *LW*, 26: 314.

死亡更加强大。”㊸

实际上，基督徒是律法与福音争战的战场。而这个事实再一次让我们意识到宣讲上帝的道是多么重要。《施马加登信条》里所说的外在的道十分重要，它指挥了这场战斗。

比如说，基督徒们常会高估自己的义，低估上帝圣洁的荣耀，因为我们始终本能地倾向做荣耀神学家。在这种情况下，他需要律法来粉碎他的自义，迫使他陷入绝望。当他陷入绝望时，他需要福音把他重新建造起来。还有一种情况，魔鬼使信徒在自己的罪中瞎
眼，欺骗他基督是不足够的，使他被试探而绝望。这时，他需要看到 132
基督的完全，重新回到信心和希望之中。这一切主要发生在教会聚集敬拜的时候，传道人宣告律法，宣讲福音，圣灵把这些按需求应用在信徒个人身上。这也发生在圣礼之中，圣礼中使用的元素（饼、酒、水）与道结合，向人们提供基督，并把基督加给忧伤的灵魂。我们会在第六章更详细来讨论圣礼。基督徒个人生活的动力就源自于教会的集体敬拜。

㊸ *LW*，26：161－162.

总结思考

考虑到 *Anfechtungen* 在正确理解圣经中所起的作用，我们应当思考路德如何理解基督徒的生活经验。这是一个复杂的问题，不仅因为路德本人的思想非常晦涩难懂，更是因为我们无可避免地透过教会后期的眼光来看路德。路德对约翰·班扬和约翰·卫斯理有很大的影响。因此，路德的思想有时被描绘成内省的清教主义(introspective Puritanism)，例如约翰·班扬的例子；而有时则被描绘成一种强调信主经历的复兴主义(revivalist conversionism)。但是，这两种类型都无法正确体现路德本人的观点：他的内省(introspection)一直是作为一块垫脚石，最终他的视线是向外看的，朝向那在圣道与圣礼中外在、客观的应许；他也不会明白强调归信经历的复兴主义，因为他会把洗礼作为他进入教会的时刻。

因此，有意思的是，路德的绝望并不是寻找蒙拣选或得救的迹象而产生的结果。后来的敬虔主义者、清教徒和福音派信徒或许会尝试通过内省来寻找圣灵重生的迹象，但是内省对路德来说实际上是肉体或魔鬼的工作，是人类的自义在作祟。他警告人们，除了上帝在基督里的启示之外，不要在其他任何地方寻找得救的确据。所以，在《论意志的捆绑》中，他表明，上帝预定人得救是上帝隐藏的事。上帝没有向我们启示，因此不容我们去查看。此外，上帝命令我们不得尝试穿透这黑暗去探求他。相反，我们只可以透过上帝显明的自我启示来认识他。在这个语境下，路德所说的自我启示的上帝指的就是“被宣讲的上帝”。因此，他的意思是上帝是借着外在的道来显现自己，他的启示是从人以外而来的。我们或许可以进一步说，路德所说的是道成肉身的基督，而讲道就是把那位道成肉身的基督带给会众，带给每一位基督徒。[44]

实际上，路德在这部作品中还提到，当绝望与福音相连的时候，它对灵命康健是有益的，因为它强调了我们的软弱。[45] 因此，虽然有些基督徒认为绝望是件坏事，是一条死路，是表明向我们自己里面查看寻找得救记号的失败，但是路德却视之为一件好事，因为它会催逼基督徒把目光从自己身上移开，朝向自己之外的道和圣礼，以此得到确据。

这种对绝望的看法必然会塑造我们的牧养方法。我们首先要做的是分析、确定绝望的程度和原因。如果绝望是因为我们内省自己的灵魂，在我们里面寻找被拣选的证据，路德的回答将会是，这人需要向外看基督来寻找这个确据。如果绝望是因为人被自己的罪之大、之多而压垮，路德将会指引他向外看基督，强调基督在十字架上，充充足足地以大能彻底摧毁了他身上的罪。不论是哪种方式，面对内省的绝望，答案永远是向外看，看上帝在基督的肉身中为我们献上他自己，而这位上帝如今可以在道和圣礼中找到。绝望和

[44] *LW*, 33：139 – 141.

[45] “我自己屡次被攻击，被带入绝望的深渊，甚至我希望自己从未被上帝造成人，后来我意识到绝望是多么有益的一件事，它离恩典是那么的近。”(*LW*, 33：190)

Anfechtungen 就其本身而言，除了推动我们来到基督面前，没有任何价值。这就是十架神学家的逻辑：上帝把我们带入天堂的方法是先使我们坠入地狱。

归信主义者在读路德的时候，常常会被所谓的高塔经历（tower experience）迷住。这是路德描述他在理解《罗马书》1：17 中所讲的"义"的戏剧性突破。在《桌边谈话录》里，路德讲了好几个不同解释，[46]但是最有名的解释还是在他 1547 年出版的拉丁文作品集的序文里。[47] 路德在那里描述了他如何被上帝的律法打击，而当他读到《罗马书》1：17 里讲到福音也显明上帝的义时，他彻底绝望了。他当时认为，这段经文的意思是，连福音也是一种律法，是上帝要求基督徒必须达到的公义标准。直等到他意识到保罗所说的义是指上帝称我们为义的时候，他才真正明白福音的好消息。

解释路德的高塔经历有几处困难，尤其是时间顺序的问题。在拉丁文作品集的序文中，路德注明这一认识突破的时间是 1519 年，这看起来似乎有些晚，因为路德的其他作品表明，他对义的概念的改变在更早的时候已经开始了。此外，对于路德 1515—1521 年间的作品进行研究表明，他的改变不是突然发生的，而是随着时间稳步发展的。

不过，时间顺序似乎与我们当下的问题有点不相关，我们在讨

---

[46] *LW*，54：193－194，308－309，442－443.
[47] *LW*，34：336－338.

论路德所描述的这件事是否可以被称作信主的经历。有几个因素反对这种说法。首先,我们应该清楚看到,路德所描述的是他在解经上的突破,这给他带来一些不同的经历,他肩上的罪咎重担被卸下了。这里丝毫没有提及路德在这个时间点上成为基督徒,或者他回头看解经突破之前的人生,认为自己之前不是基督徒。

第二,我们应该留意,路德从来没有引用高塔经历来证明自己是基督徒。现代福音派的一些支派把很大一部分注意力放在信主经历上,以此作为得救的主要证据。一个人之所以能够肯定自己是基督徒,是因为他能记得某个时间点或时间段内,他从黑暗进入了光明。在此之前,他不敬拜耶稣或者不信靠他的救恩,但是自从那一天之后他就信了。至今依旧有一些福音派的传统,把回忆决志的时刻作为足够的得救依据,不论这个人是否有生命的改变或道德的进步。

对路德而言,如果真要选一件事给他带来确据,他会说是洗礼,我们会在下一章详细讨论。这并不是因为水本身有什么魔力,而是他用信心抓住了与洗礼中的水结合的道。重要的是,如果我们从这个角度来看基督徒的生活,我们就不需要什么决志之前的危机经历。很明显,这种视角是客观的、向外的:再次强调,就像我们之前讨论绝望和 *Anfechtungen* 时所说的,我们视线的终点是在我们之外的,独立于我们自身所处的地方,这终点就是耶稣基督,在道和圣礼中提供给我们的耶稣基督。

强调外在客观性对于基督徒生活的理解,与归信主义和复兴主义福音派的理解完全不同。这种对基督徒生活的理解逃避夸张，选择平凡（按照世界和荣耀神学家眼里的定义）。这种生命的动力源于基督彰显自己的地方，就是在圣道和圣礼之中。这种生命稳健地、谨慎地汲取营养，受洗，继续不断学习要理问答中的信仰教义，继续不断被律法驱赶着摆脱自己，继续不断在福音中领受基督，继续不断在圣餐中被喂养。

接下来，我们就要进入圣礼的篇章。

第六章 从巴比伦得释放 137

——洗礼与弥撒

我们的教会还教导：上帝借着洗礼提供我们恩典。

——《协同书》

路德常常被视为现代福音派新教的伟大英雄，一般有两大根据：第一，他对称义的公式化表述，因着恩典借着信心称义。福音派把这条教义视为神学上和牧养上的主要突破。第二，他对罗马教廷的对抗。尤其是他在沃尔姆斯会议上的宣告“这是我的立场！”使他成为新教历史上最具传奇色彩的英雄。我们也可以再加上一条，比起相对无趣严肃的加尔文，路德夸张的言辞、粗鲁野蛮的性格和极端的话语，都使他成为一个更有人情味，甚至更有吸引力的人物。

然而，让今天福音派里敬仰马丁博士的人感到尴尬的是，路德本人并不认为他们忠心持守了圣经对圣餐的教导。毕竟，路德是一位高度注重圣礼的神学家。他甚至把他的圣礼主义视为真正的基督教的标志。在马尔堡对谈中，当他对胡尔德里希·茨温利说“你
是出于另一个灵”的时候，他并不是在评价茨温利的性格气质；他是 138
在宣告茨温利不是基督徒，他背后的灵绝不是圣灵。原因为何？原

因就是茨温利认为主的晚餐是一种象征式的行为,饼和杯的元素里并没有真的包含基督神性与人性的全部。

对路德而言,只有通过道成肉身的基督那软弱的人性,人才能接近那位满有恩典的上帝。这对路德来说有非常广泛的含义。其中最重要的是,他相信上帝把自己提供给基督徒的方式,是把自己隐藏在有形的、软弱的形体里,只有信心的眼睛才能看见。这也是他保留了描绘基督的艺术作品的原因:与改革宗的理解不同,他认为这并没有违反十诫,相反,这正合法地表现了上帝如何把自己隐藏在软弱的肉身之中。① 这个概念对他理解圣礼也很重要。在圣礼中,在水、饼和杯里,基督被提供给人。世人也许会嘲笑;荣耀神学家会在旁边看不懂。但十架神学家以简单、孩童般的信心,在这些事物中辨别出那位恩慈的救主基督就在其中。

大部分福音派信徒对圣餐采取纯象征的观点,甚至就连跟随加尔文的改革宗立场的信徒,也不承认在圣餐元素中基督的全部都客观地临在。可以很肯定地说,路德不会把今天的福音派当作真基督徒。考虑到这一点,我们现在可以继续来看路德如何理解洗礼和圣

① 关于改革宗的立场,参考《海德堡要理问答》第96–98问:"问96:上帝在第二条诫命里命令什么?答:就是我们绝对不可为上帝造任何像,也不可用圣经中所命令以外的方式敬拜他。问97:那么我们不可造任何像吗?答:上帝是不可以也不可能被描摹的;至于受造物,虽可以被描摹,但上帝禁止我们把他们作成像,存起来加以跪拜,或用它来崇拜上帝。问98:但图画难道不可当作教导平信徒的书而悬于礼拜堂吗?答:不可;因为我们不应自以为比上帝聪明,他不要他的百姓向哑巴偶像求教,反要人活泼地传讲他的道,借此教导人。"

餐(或者,按照路德偏爱的用词——弥撒)。

路德与洗礼

洗礼也许是基督徒生活最基本的元素,因为他是基督徒生活正式开始的仪式。虽然基督徒们会在谁应该受洗、施洗方式、洗礼的含义等问题上有分歧,但所有基督徒都同意,洗礼带领人加入教会。

路德对洗礼的理解,以及他对弥撒中基督真实临在的观点,会让现代福音派信徒感到奇怪而陌生。今天大部分福音派信徒在洗礼上都采取浸信会的观点,不论这真是他们的信念,还是默认如此。* 因此,路德对婴儿洗礼强烈的信念对今天很多信徒来说很不可思议。然而,不仅浸信会信徒觉得路德在洗礼上的想法令人费解,对于不反对婴儿洗礼的长老会和改革宗信徒来说,路德在圣礼上唯实论的观点也很奇怪。他们为婴儿施洗是因为他们相信恩典之约(covenant of grace)的范围包括他们的儿女,但路德如此做是因为他相信洗礼有重生的功效,借此婴儿成为基督徒。在福音派信徒的头脑里,这似乎与路德强调的因信称义相矛盾。 139

要明白路德的观点,我们必须先了解他的思想是如何发展的。因此,他的自传是非常重要的材料。1518 年之后,他的神学信念已经离

---

* 浸信会洗礼立场一般是被称为宣信洗礼(credobaptism),即只接受宣告自己相信的人才可以受洗,因此,此立场拒绝为婴儿施洗。与此相反的另一种立场一般被称为婴儿洗礼(paedobaptism),即信徒的儿女应当受洗。宗教改革历史上路德宗、改革宗和圣公会均为婴儿洗礼立场。——译者注

开他所接受的中世纪教导。中世纪神学认为洗礼是一种洁净，或者是浇灭罪的火种。路德开始相信人的问题并不是人有软弱或者人受了伤。人的问题是人在罪中死了。死人需要的不是帮助、协作或洁净。能救死人的唯一办法是复活；所以谈洗礼时必须考虑到这一点。

洗礼的含义与有效性

在宗教改革时期，洗礼上产生的争议差不多与弥撒比肩。随着16世纪20年代重洗派的出现，论述洗礼的作品迅速变得火药味十足。在此之前，路德建立自己对洗礼的立场时，所针对的是中世纪的教导，而不是激进派。其实，针对洗礼的问题，在他早年期间就有两篇非常好的论述，当时还没有出现重洗派。第一部作品是1519年的《论圣洗礼》(*The Holy and Blessed Sacrament of Baptism*)，这部作品最初是献给布伦瑞克的玛格丽特公爵夫人(Duchess Margaret of Brunswick)。[2] 在这部作品中，路德提到了洗礼的三大基本要素：记号、被记号所指的事物，以及能抓住被记号所指事物的信心。接着，在下一年，洗礼成为了另一部圣礼改革宣言《教会被掳巴比伦》里的重要部分。[3]

140 水是记号，这水以圣父、圣子、圣灵的名被施用在受洗者身上，这施行过程必须有两个动作，一个是按下去，一个是拉上来，这样才

---

② *LW*, 35: 29 - 43.

③ *LW*, 36: 57ff.

能完整体现出洗礼所代表的含义。[4] 有意思的是，路德非常偏向把婴儿全身浸没施洗，因为他认为浸水礼最符合洗礼的含义：有罪的旧人死去，罪被摧毁，新生命升起。[5] 然而，路德只是偏爱浸水礼，而没有说必须浸水，因为记号本身并不重要，重要的是记号所指向的实体。

路德很清楚，罪的灭亡与新生命的升起在今生永远不会完全。因此，洗礼具有末世性的含义，即它指向了圣徒最终将会在荣耀中得以完全。为这个缘故，路德把基督徒的一生描述成一场持续不断的属灵洗礼，基督徒一直不断地向自我死，向基督活："因此，整个生命就是一场持续到死的属灵洗礼，人受洗就是被定罪而死。"[6]这句话让人回想起路德的《九十五条论纲》中的头一句，基督徒的一生应当是悔改的一生。水的洗礼在一个时间点上，在基督徒一生的起始时刻，预示了这个事实；而基督徒一生的其余时间就用来构建这圣礼的本质。

然而，基督徒从实际经验中知道，罪和罪性并没有随着洗礼消失。虽然路德在谈圣礼时使用了许多唯实论的语言，但他知道圣礼本身并没有什么魔力。在《论圣洗礼》中，路德强调上帝在基督徒里面作工，持续不断地（尽管并不完全）摧毁今生的罪。他甚至使用了条件式的语言，只有当受洗之人继续努力杀死罪的时候，上帝的恩典才持续赐给他。[7] 我们也许从这里能看到，当时路德身上还残留

④ *LW*, 35: 30.
⑤ *LW*, 35: 29; cf. 36: 64.
⑥ *LW*, 35: 30.
⑦ *LW*, 35: 34.

着中世纪式教育的影子，其重点在于约是上帝与罪人维系恩典关系的方式。然而，就在一年之后，在《教会被掳巴比伦》中，路德把重点放在了洗礼所标记的应许上。实际上，当基督徒提到洗礼时，首先想到的就应当是应许。[8]

141 在路德对洗礼高度重视的背后，是他坚信上帝才是圣礼中的施动者。这就是洗礼有救恩功效的原因。是上帝赐下应许；是上帝在基督里确认这应许；是上帝在洗礼中把这应许刻印在基督徒身上。在洗礼中，上帝真的把受洗者嫁接在基督上，真的给他提供基督。这就是路德相信婴儿也应当受洗的原因。在一次桌边谈话中，他在洗礼和讲道之间做了个类比。面对那些辩称由于婴儿无法相信，所以不应该受洗的说法，路德回答说，既然如此，那也应该把同样的标准应用在讲道上。我们向不信者讲道，这就是表明我们不会把道的存在与否，以及基督在道中存在与否，建立在听道者的主观信心上。基督真的就在宣讲的道里，这是一个客观事实。同样，洗礼中的应许也是如此，这应许真的在洗礼中。此外，“因为信心才受洗”这样的说法，会把基督徒，而非上帝，作为圣礼中的决定性施动者。[9]

照样，这对神父在洗礼中的角色也有影响：尽管表面上是神父在主持仪式，但实际上是上帝在行动。[10] 因此，圣道与圣礼的有效性

---

⑧ *LW*, 36: 58.

⑨ *LW*, 54: 98 - 99.

⑩ *LW*, 36: 62 - 63.

并不基于神父个人的道德状况，而是基于道本身与上帝的行动。路德劝勉人们不要过分关注那些不重要的技术细节，不管仪式本身如何，也不管执行洗礼仪式的人是谁等等。在《九十五条论纲解释》（*Explanation of the Ninety-Five Theses*）中，路德讲到一个演员受洗的事，其他不信主的演员拿他开玩笑，给他施洗，结果他因此真的信主了，而且显然不久便殉道了。[11]

路德讲话直截了当，毫不含糊，他说重洗派是敌基督的同伙，这无疑也是让今天的福音派对他的理论感觉不舒服的问题之一。不仅因为他是个倔强好斗、支持婴儿洗礼的人，他还在洗礼问题上，把对手说成是敌基督一伙的。[12]

然而，我们必须知道，尽管路德如此强调圣礼的客观性，以及圣礼中提供的实体，但是他也说，只有对应许的信心才能最终把洗礼的益处带给信徒："所以，不是洗礼，而是涵括洗礼的这应许之言使人称义或受益，是这信心使人称义，应验洗礼的预示。因为信心是旧人的沉没和新人的兴起。"[13] 142

洗礼与基督徒生活

路德认为，洗礼对于基督徒生活来说至关重要。就像我们之前所说，洗礼是进入基督徒生活的开端，所以对整个一生都有持续的

---

⑪ *LW*，31：105.

⑫ 例如 *LW*，40：233。

⑬ *LW*，36：66.

影响。在《教会被掳巴比伦》中，路德感慨很少有人会回想自己的洗礼和其中的荣耀。这直接带来灾难性的后果：因为这些人不去思想自己的洗礼及其意义，在面对上帝时，他们开始在其他地方寻找安全感——宣誓、忏悔、善功等等。[14] 我们可以说，路德认为中世纪教会的主要错误是误解、误用了洗礼。

应许构成了圣礼的本质。路德认为，神父们未能不断向人们强调应许，这导致洗礼无法为人们带来安慰和确据。在一段精彩的文字中，路德这么说：

> 这信息应当始终铭刻在人们心中，这应许必须时刻萦绕在他们的耳边。他们一定要念念不忘洗礼，使信心不断得到激励、滋养成长。因为正如这神圣应许的真道一经向我们宣扬，就一直延续到我们死亡之时一样，我们对它的信心也毕生永不终止，并且借着持续回忆那洗礼中所得到的应许，使这信心增长、加强。所以当我们脱离罪恶或悔改的时候，我们不过是回转到洗礼的权能和信心之中，我们原本正是从中转离了；也是重新找到我们犯罪时所背离的应许。因为应许的真道一旦赐给我们，它就始终不渝、永远敞开胸怀，迎接我们回归。[15]

---

⑭ *LW*，36：57－58.
⑮ *LW*，36：59.

这段文字中值得一提的，也是常常被忽略的，是回忆的重要性。路德认为，回忆上帝在过去所做的伟大恩典工作对基督徒在今天对上帝的认识非常重要。然而，路德不是怀旧的神父或神秘主义者，他并不是在说，我们要回忆自己生命中点点滴滴来寻找上帝恩典的供应或经历。洗礼是基督徒生命当中唯一关乎恩典的伟大行动，只有洗礼才能为基督徒提供上帝恩典的确实知识。在《教会被掳巴比伦》里，他把这种回忆比作以色列民回忆出埃及。上帝百姓的后代，以色列的后代，不断忆起出埃及这一事件来提醒他们与上帝的关系。基督徒的洗礼就是他的出埃及，因此他需要不断回忆洗礼：洗礼意味着我是一名基督徒，因此魔鬼无法占有我。与弥撒一样，洗礼是上帝拯救的伟大行动。

没有任何归信的经历、任何上帝护理的行动，可以超过这些客观的圣礼行动，为信徒提供如此的确据。路德还提到一个故事，一位无名童女每逢受到诱惑试探，就会把洗礼作为防御屏障，非常有效。[16] 实际上，路德也把这个方法用在那些被魔鬼试探陷入 *Anfechtungen* 的人身上。[17] 不过，有时空洞地、偶像式地倚赖洗礼

⑯ *LW*，36：60.

⑰ 维特·迪特里希（Veit Dietrich）在《桌边谈话录》中记录了这个故事："我问他（路德）关于一个人的事，当他胃痛多日，并导致头痛、思维混乱时，他害怕自己会陷入抑郁。他向我表达了他的担忧，并让我转达给博士。博士（路德）这么回复道：'当魔鬼引起这事时，那就说明这想象已经造成影响。因此他的思想必须改变。他应当思想基督。你要告诉他，基督活着。你已经受洗了。上帝不是悲伤、死亡的上帝。但魔鬼却是。基督是喜乐的上帝，所以圣经常说我们应当喜乐、高兴。这是基督。因为你有一位恩慈的上帝，他不会扼杀你。'"（*LW*，54：95－96）

可能会带来致命的后果：路德讲述了一个人遭遇魔鬼时这么做了，结果被那恶者直接杀死了。[18]

显然，有人会反对说，那些在婴儿时期受洗的人不可能回忆起自己的洗礼，路德在《论重洗》(*Concerning Rebaptism*)中给出了不屑一顾的回应：

> 我会回答："我的朋友，你怎么知道这个男人是你父亲，这个女人是你母亲？你无法相信别人，你必须确认自
> 144 己如何出生。"照这样说，所有的孩童都可以立刻不遵行上帝的诫命"当孝敬父母"。因为我可以反驳，"我怎么知道谁是我的父母？我不能相信别人。因此我必须重新出生一次，好亲眼看看是不是他们，不然我无法听他们的。这样做的话，就把上帝的诫命变为无效了。"[19]

事实上，如果我们拒绝路德对洗礼客观性的理解，而把洗礼的有效性基于人受洗时的信心，我们会遇到同样的问题：怎么能确定这个人回忆他受洗时的信心是准确的呢？而如果我们无法确定，我们又该如何正确理解新约圣经里，保罗所说的洗礼有强大、真实的功效呢？其实，这种提问把一切都建立在我们的主观上，这本身难

---

⑱ *LW*, 54: 280－281.
⑲ *LW*, 40: 234.

道不是很危险吗?[20] 路德认为,明白上帝是施动者,明白洗礼是客观现实,对于基督徒生活有强大的影响:这是基督徒获得确据的根基,因为这本质是上帝对我们的承诺,他应许在基督里向我们施恩,这个承诺要用信心接受。因此,当魔鬼来试探你的时候,路德会建议你,提醒魔鬼你领受过洗礼。

路德与弥撒

路德对弥撒的理解可以分为三个大的阶段。第一阶段,1519—1520年间,他修正了中世纪的圣体圣事神学。接下来进入第二阶段,他与前好友兼同事卡尔施塔特发生冲突,这个冲突也决定了1522年之后维滕堡宗教改革运动的基本轮廓。最后一个阶段,是他与茨温利的冲突,以1529年的马尔堡对谈告终,这冲突继续形成了路德宗直至今日的身份。事实上,1546年他死后,在路德宗内部的斗争中,弥撒始终是争论的中心,包括在1577年写作《协同信条》(Formula of Concord)时也是如此。这份文件把路德本人的立场作为认信准则。[21] 145

⑳ 其实路德在与重洗派辩论时就点出了这个问题:"我把那些重新受洗的人比作担忧顾虑的人,因为也许他并没有像孩童那样相信。所以当有一天魔鬼来了,他的心就充满顾虑,他说,啊,现在我第一次感到我有正确的信心,昨天我还不觉得我真的信。所以,我需要第三次再洗,因为第二次的洗礼没有用。你认为魔鬼不会做这样的事吗?你最好多了解他一些。他能做比这更糟的事,亲爱的朋友。他能继续让人怀疑第三次受的洗,然后第四次等等接连不断(他的确想这么做),就像他曾经对我和许多其他人在认罪的问题上所做的那样。"(*LW*, 40:240)

㉑ 菲利普·梅兰希顿试图弱化,或者至少模糊化路德宗教会在弥撒上的立场。1540年,他修改了《奥格斯堡信条》第10条的措辞,使基督临在的性质更含糊,更适应(转下页)

在详细讨论路德本人的思想之前，我们需要记得，弥撒在路德成为改教家之前的生命中所扮演的角色。他当时已经是一名神父，不仅仅是修士了，这意味着他要负责在教区内举行圣事。他第一次主持弥撒圣事，开始念出祝圣词，按照中世纪神学的教导，饼和杯就变成了基督的身体和血，那对路德来说是一个痛苦的时刻，父亲在场没有减轻这痛苦，因为他本来也不同意儿子选择宗教作为职业。因此，弥撒加增了路德在宗教改革前的绝望和恐惧：一个罪人，怎能用污秽肮脏的双手制造、触摸上帝？不管福音派信徒怎么看，中世纪圣礼主义正是推动路德进行宗教改革的原因之一。

弥撒与应许

1519—1520年间，路德的思想开始随着他神学的发展变得更广阔，他写作了三部针对弥撒的重要作品。1519年，他执笔了第一部作品《论基督圣洁真体的崇高圣礼及弟兄情谊》(*The Blessed Sacrament of the Holy and True Body of Christ and the Brotherhood*)。[22] 其中，他提出圣礼有三个方面：记号、含义和信心。[23] 记号是饼和杯，他强调这两者都是记号，他还借此机会提出，应该召开总会议，宣布教会应当把这两样都给平信徒。因为在中世纪末期，教会常见的做法是

(接上页)约翰·加尔文的立场。这一版本的信条，即所谓的修订本(*variata*)，成为路德宗内部张力的主要原因，这也被梅兰希顿的反对者们视作他对路德最基本教导的背叛。

[22] *LW*, 35: 45-73.

[23] *LW*, 35: 49.

不让平信徒领杯，他们宣称反正基督完整地包含在饼里了；不给杯是为了防止把基督洒在地上，这从神学上讲是灾难。毫无疑问，把杯保留不给平信徒也会巩固神父们的权威形象。㉔

圣礼的意义在于所有圣徒借着与基督的联合都享有与基督的团契相交。因此，这不仅是象征性的，更是真实的、实在的。㉕ 然而，也许值得注意的是，在与卡尔施塔特和之后的茨温利的辩论中，路德却对此只字未提，而是强调基督临在的客观性。在这里，路德关心的是记号的确实性：领受圣礼的元素实际上就是上帝保证信徒有份于基督的方式。因此，这里有一层唯实论的意义，是象征主义无法剥夺的。 146

在圣礼中领受饼和杯就是领受与基督和全体圣徒的团契合一的确实记号。就好像一名公民得到一个记号、一份文件或其他的凭证来确认他是该城市的公民，是团体的一员。㉖

从某种意义上讲，弥撒就像出生证明或者护照。它不仅象征了某个人出生过，或者是某个国家的公民，实际上它确实具有法律效力，不仅反映了现实，而且也影响、决定了这个人如何在现实中生存。弥撒对基督徒来说是同样的。弥撒不仅仅外在反映了基督徒的身份，更向他确保了这身份。事实上，在这段文字里，路德提出弥

㉔ *LW*, 35: 50. 所以，路德在这里表达了他更偏向于在洗礼中把婴儿浸入水中，以此作为更为合适的记号，而不是洒水或点水。

㉕ *LW*, 35: 50－51.

㉖ *LW*, 35: 51.

撒是 *Anfechtungen* 的解药。一个被恐惧、绝望、悲痛重担压身的人，需要做的就是逃到祭坛的圣礼那里去，在那里他能为自己的灵魂找到自由与喜乐：“上帝不可测度的恩典与怜悯在这圣礼中赐给我们，甚至我们可以把一切愁苦和磨难[*Anfechtung*]从我们身上卸下，放在[圣徒的]团体上，尤其是放在基督身上。”[27]

这也是弥撒需要重复举行，不像洗礼是一次性事件的原因。弥撒是基督徒的食物，是他得坚固的途径，以面对世界、肉体和魔鬼的攻击。这也是弥撒需要经常举行的原因。[28] 路德甚至说，对于那些没有受过 *Anfechtungen* 之苦的人，弥撒没有太大的用途和益处，因为他们不知道弥撒到底应该帮助我们抵挡什么。[29]

147 这背后的思想乃是，在弥撒中，是上帝在为人类做一些事，而不是反过来，人类在为上帝做一些事。中世纪礼拜仪式聚焦于圣礼的献祭层面，将其视为献给上帝的东西，所以路德是在把整个理解完全调转，把弥撒视为上帝给信徒的东西。

路德在另一部作品《论新约神圣弥撒》(*Treatise on the New Testament, That Is, the Holy Mass*, 1520)里，开始发掘这思想的应

---

[27] *LW*, 35：54.

[28] *LW*, 35：56.

[29] “因此，甚至可以说，这神圣的礼仪对那些没有不幸或焦虑的人，或者那些对自己的困境无感的人，没有太多益处，甚至没有任何益处。因为这圣礼只赐给那些需要被坚固和安慰的人，那些心灵胆怯、良心恐惧的人，那些被罪攻击的人，甚至那些堕入罪中的人。对于那些没有困扰、自感安全的人，它能做什么呢？他们既不需要也不渴望它。”(*LW*, 35：55)

用含义。在这部作品中，他集中强调弥撒的基础是上帝的道，特别是有关上帝应许的话语。拨开所有围绕弥撒的礼仪浮华，路德提出：

> 如果我们渴望正确地遵行弥撒并理解它，我们必须先放弃一切的眼见与感觉——礼服、摇铃、诗歌、装饰、祈祷、行列、举祭、跪拜等一切在弥撒中做的事——直至我们先抓住并透彻思考了基督的话语，他借着这话语执行并设立了弥撒，并命令我们如此行。整个弥撒——弥撒的性质、功效、利益和益处——都建立在这话语之上。若没有话语，我们就无法从弥撒中获得任何东西。[30]

在这里，我们看到弥撒是如何与路德整体的神学思想相连：这首先是一个语言性事件，由设立圣礼的话语组成。当路德与卡尔施塔特以及茨温利交锋时，这些话语成为争论的主要来源。不过，在1520年时，路德主要考虑的不是这些话语中有关基督临在的形而上学含义，他所关心的是这些话语与上帝在基督里的行动相连，因此也与他的应许相连。这些话语赋予圣礼元素意义，而信心抓住这话语时，就使圣礼产生果效。[31] 这果效是经验性的，因为在圣礼中，基

---

[30] *LW*, 35：82.

[31] “一切圣礼，也包括弥撒在内，最伟大的部分是上帝的话语和应许，若没有这些，圣礼是死的，一无是处，就像身体没有灵魂，酒桶没有美酒，钱包没有钱财，预表没有实现，字句没有精义，剑鞘没有利剑。”(*LW*, 35：91)

督宣告他要把赦罪和生命赐给他的百姓。因此，这圣礼与魔鬼及其仆役的试探争战，坚固我们的信心，增添我们的爱心。[32]

在路德的改革事业早期，他写就的关于弥撒的最重要的作品就
148 是 1520 年的《教会被掳巴比伦》。这一年，路德为宗教改革运动提供了他正面阐述立场的宣言；《基督徒的自由》阐明了他新的伦理学，扎根于正在浮现的对称义的理解；《致德意志基督教贵族书》重新定义了教会与国家之间的关系；《教会被掳巴比伦》则是他在圣礼上的宣言。路德相信，基督徒一生都浸透在圣礼中，因此教会若要繁荣，建立对圣礼正确清晰的理解至关重要。

在这部作品中，路德重申并扩展了早期的批判。路德以戏剧化的文风，呈现了弥撒是如何以各种不同的方式被掳掠。第一种掳掠弥撒的方式就是禁止把杯分给平信徒。[33] 第二种掳掠弥撒的方式是变质说。路德认为这种说法是错误，而不是异端，因为它还保留着一项重要真理——就两种元素的性质而言，基督真实地临在。讽刺的是，他反对变质说的理由与现代福音派的理由完全相反：他所反对的并不是基督的临在，他反对的是变质说失去了饼和杯的本质(他认为从解经的角度来讲站不住脚，而且这是亚里士多德的形而上学入侵神学所造成的结果)。[34] 第三种掳掠弥撒的方式是最可憎

---

[32] *LW*, 35：85－86.

[33] *LW*, 36：27. 路德在这里指出，在弥撒中领一种元素并不是犯罪；但是那些禁止他人领两种元素的人是在犯罪。

[34] *LW*, 36：28－35. 事实上，路德在这一点上对亚里士多德主义的批判是错误的。亚里士多德认为，某事物会拥有某种本质和另一种不相关的表象，这种说法是不合逻辑的。

的，就是把弥撒变成献祭，变成基督徒为上帝做的事，而不是领受上帝为基督徒做的事。[35]

在讨论最后这一点时，路德提出了他对圣礼意义的理解。他使用了应许和遗嘱（testament）的语言，两者相关联，后者是应许的一种形式，在立遗嘱的人死后生效。[36] 因此，领受圣礼就是用信心获取附着在圣礼元素上的应许。[37] 路德把这观点建立在他将上帝以道成肉身的基督为顶点的一系列应许作为治理堕落后人类的标准方式：一系列的应许，其顶点是基督里彰显的最伟大的应许。此外，尽管旧约圣经里上帝对摩西的应许是属世而非属灵的，与获取土地相连，但是其中的赎罪日以及献祭系统依旧指向基督里福音应许的本质。[38]

对弥撒中应许的理解也促使路德使用本地语言来举行礼拜仪式。正如我们之前提到的，直到 1525—1526 年路德才真正完全实现这一点。不过，既然弥撒是一种安慰，那就必须用人们可以理解的语言来举行（这语言必须是人们明白的，而且必须听得清楚）。中世纪时期举行弥撒时，神父背对着会众，用大部分人都不懂的拉丁语咕哝着仪文，这最能体现弥撒被掳掠的境况，人们在弥撒中能获得的一切真正的益处都被剥夺了。[39] 路德把话语的神学应用在弥撒 149

[35] *LW*, 36：35.
[36] *LW*, 36：38.
[37] *LW*, 36：38 - 39,43 - 44.
[38] *LW*, 36：39 - 40.
[39] *LW*, 36：41 - 42.

上，他提出上帝只会通过应许的话语来做福音工作。[40] 此外，路德斥责中世纪神学家彼得·伦巴德，他的《四部语录》(*Four Books of Sentences*)是中世纪时期标准的大学神学教材。路德批评他完全忽略了弥撒的中心问题，那就是应许，而把焦点转移到基督临在的形而上学身上，圣礼变成了一种不需要信心的自动机械。[41]

路德关于弥撒的作品《教会被掳巴比伦》中，最震撼人心的是他描写基督徒如何正确回应弥撒时所使用的饱含情感的语言。当然，基督徒来到祭坛前必须有一定的信心。把圣礼当作基督的遗嘱来领受是非常重要的。此外，路德所强调的对基督设立圣餐话语的**信心**，在后来茨温利的宗教改革运动中变得越来越响亮。不过，在1520年的时候，值得我们注意的是，路德强调圣灵激发情感上的回应：

> 由此可见，适当地举行弥撒并不需要别的，只需要对这应许有确实的信心，相信基督的这些话是实在的，并且不怀疑这弥撒富有无穷的福分。有了这种信心，人的心灵便会立即产生甜蜜的震动，灵命因之而增进和丰富(即因圣灵给予信基督的爱)，所以，人被这慷慨恩慈的赐约者基
150 督所吸引，完全变成了不同的新造的人。人若坚信基督无可估量的应许属于自己，他哪能不兴奋落泪、对基督心仰

[40] "如我所说，除了用应许之言外，上帝不借别的方式与人交流。同样，我们也只能通过信其应许的道和他相通。"(*LW*, 36: 42)

[41] *LW*, 36: 44-45.

神迷呢？一个人原本应受别的报应，根本不配得恩，基督却白白地应许和赐予他如此大的财富和永恒遗产，他怎能不爱戴如此伟大的恩主呢？[42]

从这段话里，我们看到弥撒在路德理解的基督徒生活中有多么重要。弥撒不是纪念会。弥撒不是基督徒找个机会一起回想基督的死或者一起展望基督再来。弥撒带给基督徒基督的应许，这应许呈现在那被擘开的身体和流出的宝血之中，当这些被信心抓住时，因着直观的形体更加真切，圣灵就在领受者里面激发喜乐和爱。简言之，弥撒对基督徒生活有着极其深刻的意义，因为弥撒使基督和他的应许变得更真实、更临在。

有鉴于此，我们或许可以开始理解路德发自肺腑的反对茨温利的教导：讽刺的是，他们把基督从圣礼中拿去，这圣礼就与天主教的弥撒别无两样——他们将其变成基督徒做的事（纪念基督；以公开的方式表达信心和与教会的联合），而不是基督为基督徒做的事。用路德自己的话讲，如此一来圣礼就变成律法，而不是福音了。

路德与真实临在的问题

如果说路德早期针对弥撒的作品专注于圣礼作为应许或遗嘱的含义，那么他后期的作品（从 1522 年往后）则越发专注于保持基

[42] *LW*, 36: 40 - 41.

督在圣礼中的真实临在。这或许是最令福音派信徒头疼的地方，因为今天大部分人都对圣餐持象征性的观点（类似于路德主要对手茨温利的观点），并且路德对圣餐的理解似乎和他的洗礼观一样，都与他所理解的“因信称义”有相当大的张力。

如同路德在其他神学问题上的发展一样，他的弥撒观的发展也受他本人经历的影响。如果说弥撒对他有长久影响的部分原因在
151 于他主持第一次弥撒所造成的创伤，那么他随后对真实临在的越发关注也是许多个人因素造成的。

首先，我们必须记得，路德如何在生存中寻找到满有恩典的上帝。我在哪里才能找到一位满有恩典的上帝？这个问题的答案是：在基督里，也唯独在基督里。这一原则塑造了他神学的各个方面。例如，他拒绝《雅各书》的部分原因在于这本书似乎并没有教导因着恩典借着信心称义，因此似乎与保罗的观点不合。但是，更主要的原因是他认为这卷书不教导（*treibt*）基督。如果基督，道成肉身的上帝，不在其中的话，那它就不是福音，而是律法。[43] 因此，路德

[43] 值得注意的是，在他的《雅各书》序言里，路德赞扬这卷书是对上帝律法的精彩讲解（*LW*，35：395）。关于基督论的问题他是这样说的：“他［即雅各］提到过几次基督的名字；但是他并没有教导任何关于他的事，而只是提说笼统的对上帝的信心。真正的使徒，其职分就是传讲基督的受苦、复活和职分，为对他的信心建立根基，就像基督亲自在《约翰福音》15 章［27 节］所说的，‘你们要作我的见证。’一切真圣经都在这一点上一致，它们都传讲并教导（*treiben*）基督。这也是评判所有圣经书卷的真标准，我们要看它们是否教导基督。因为全本圣经都为我们展现基督，《罗马书》3 章［21—22 节］；圣保罗说他不知道别的，只知道基督，《哥林多前书》2 章［2 节］。一切不教导基督的就不是使徒性的，就算是圣彼得或圣保罗不教导时也是如此。一切传讲基督的都是使徒性的，就算是犹大、亚那、彼拉多和希律这样做也是如此。”（*LW*，35：396）

认为整个基督都必须临在圣礼元素中，这背后是他个人在神学上的坚持：如果基督的肉身不在其中，这圣礼就无法给领受的人任何安慰。

塑造路德真实临在观的第二项个人经历因素是他与卡尔施塔特的碰撞。当路德还身处瓦特堡时，卡尔施塔特、慈威灵和梅兰希顿负责带领维滕堡的改革。卡尔施塔特与慈威灵二人都有激进派的倾向，他们的改革方式是破除圣像，他们认为教会在社会中的角色是要进行革命。因此，卡尔施塔特穿戴农民服装是一种政治姿态，表明自己代表穷人和受压迫的人。路德发现卡尔施塔特的神学中有两点特别令他不安：把圣灵高抬过于圣道，以及把弥撒理解为象征。这两点在路德脑海里扎下根来，将象征语言和属灵临在沿用到弥撒上，对路德而言就代表着神学和政治上的激进主义。茨温利把圣礼元素视为象征性的，当他上台主礼时，他只以属灵的方式来谈临在，这都让路德嗅到一种激进派的气味。在路德看来，茨温利只不过表面文雅，骨子里面是革命性的混乱，这让路德回想到 1522 年的维滕堡，那场混乱差点断送了维滕堡的改教大业。路德给卡尔 152
施塔特和其他倡导象征性圣礼与属灵临在的人贴上了一个标签 *Schwärmerei*（即“狂热分子”）。这个词是“蜂拥”的意思，好像蜜蜂成灾一样。在路德看来，这群人极其危险疯狂。[44]

---

[44] 路德经常把茨温利和闵采尔联系在一起。闵采尔是一位激进的属灵派神学家，他惨死于 1525 年的农民战争。路德宣称这两人被魔鬼迷惑，以致错解圣礼（例如 *LW*，26：192）。

1529年路德与茨温利在马尔堡会谈时，二人之间的宣传册大战已经进行了好几年。实际上，路德陈述自己立场的语言已经开始渐渐稳固下来。在《小要理问答》第六部分第一问中，身体和宝血被描述成是“在饼和杯之下”（under the bread and wine）；在《奥格斯堡信条》第十条中阐述得更详细，这里身体和血被描述成“真实地临在，在饼、杯的形式之下……”（really present…under the form of bread and wine）。* 后来的路德宗会这样描述，基督的临在是在饼和杯**之内、之旁、之下**（in，with，and under），这大概补齐了早期遗留的所有语言上的漏洞。

路德派与茨温利派对基督临在的性质的辩论细节不在本书的范畴内，但是了解路德在这件事上的基本原则可以帮助我们更能感同身受地理解为何他如此思考。

他首要关心的是如何正确看待圣经所说基督被赐给我们的方式。在马尔堡对谈的记录里，茨温利宣称属灵性的吃就排除了物质性的吃，路德如此回应他：

> 基督以多种方式把自己赐给我们：第一，在讲道里；第二，在洗礼中；[第三，]在弟兄般的安慰中；第四，在这圣礼中，每次基督的身体被吃的时候，他就把自己赐给我们，因为他亲自命令我们如此做。如果他命令我吃粪，我也会去

---

* 这两句在中译本《协同书》中，“under”一词均被略过，此处特译为“之下”。——译者注

做。仆人不应该探究主人的意思。我们应该闭上眼睛。[45]

路德在此提出两大重要原则：第一，关于弥撒的问题属于另一个更大的问题，那就是上帝如今在基督里是如何、在哪里把自己赐给我们；第二，神学讨论的总原则永远是上帝说了什么，而不是人的理性认为什么是可能的或可行的。这也是路德宗对那些反对基督的人性临在于饼和杯之内、之旁、之下的意见不感兴趣的原因，因为这些都是基于人类身体的限制来讨论的。 153

当然，在这原则的背后，是道成肉身以及基督工作最根本的非理性(irrationality)，这与路德的十架神学家的概念放在一起：十架神学家只接受启示中提供自己的上帝；他不会强迫上帝符合人类理性预先形成的规则(普洛克路斯忒斯之床*)，以满足人的期待。因为这位在律法中令人战兢的上帝，在道成肉身中亲自使自己变得渺小、软弱，所以基督徒要去基督在的地方，不是以满腹的牢骚来要求，而是以谦卑、信靠来接纳。这就是真实临在与称义相连的地方：信心是信靠上帝，在他的道中获得他；当基督说"这是我的身体，为你们擘开的"时，基督徒所做的就是靠信心相信，而不是站着评判这话是什么意思。其实，路德在1526年的一部作品《基督身体与宝血

[45] *LW*, 38: 19.

* 普洛克路斯忒斯(Procrustes)是古希腊神话中的一个强盗，波塞冬之子。他开设黑店，内设铁床。凡若投宿者比之长则截短，短则强行拉长，使之与床一致，手段残忍。后为忒修斯所杀。因而"普洛克路斯忒斯之床"有强求一致之意，比喻生搬硬套。——编者注

的圣礼——驳狂热派》(*The Sacrament of the Body and Blood of Christ—Against the Fanatics*)的开篇部分提出,上帝"乐意做世人眼中看为愚拙无用的事"。[46]

关于路德成熟的圣餐观,另一点就是基督的临在是绝对客观的。换句话说,基督真的临在于饼和杯之下,甚至非信徒吃这饼和杯也真的领了基督的身体和血。非信徒这样做是定自己的罪,但他的确吃进去了。信心依旧是获取圣礼益处的必需品;但基督在圣餐中的临在不取决于领受者的信心,当然更不取决于神父的信心。[47]

作为牧养工具的弥撒: 路德宗的死法

在路德最早期的一部最受欢迎的宗教改革作品《论预备死亡的
154 讲章》(*A Sermon on Preparing to Die*)里,他以非常夸张的方式清楚表明了弥撒在牧养事工中的重要性。[48] 这部作品在短短三年内重印了二十二次之多,1525 年又重印了两次,这使它成为一部极其流行的短论。

这部作品的流行证明了路德那个时代与我们今天完全不同。

㊻ *LW*, 36: 336. 路德清楚指明许多处经文提到基督身体的无处不在(ubiquity),这一点有时被用来相对化他在弥撒中的临在。但路德本人不这样看,他坚持认为,尽管基督的确无处不在,但他在其他地方的临在并不带着他应许的话语。这种临在只有在福音中发生,就是在宣讲的道中,以及在正确执行的圣礼中(*LW*, 36: 342)。

㊼ 这是路德宗与加尔文主义者在观点上的关键不同之处。加尔文的圣餐观拒绝茨温利派的纪念主义,强调真实的喂食基督;但这种喂食是在信徒与基督的属灵联合中发生的,因此是非信徒无法享有的。

㊽ *LW*, 42: 99 - 117.

我们今天的社会中，死亡的概念已经基本上被排除在日常生活之外。在西方，除了医务人员之外，大部分四十岁以下的人从来没见过尸体。教会也不再建在墓地旁边。虽然这是城区规划以及城市空间压力造成的结果，但这的确让我们感觉死亡是很遥远的事。然而在路德所处的时代并非如此。婴儿死亡率在当时非常高，几乎所有家庭都知道丧失亲友的滋味。人们对生活的期望值并不高。污秽、野蛮又短暂的生命不仅是霍布斯的个人感受，而且是当时大部分人普遍的生活体验。

因此，在中世纪末期，欧洲文学里有一种体裁叫做死亡艺术（*Ars Moriendi*），这也是所有牧师必会技能中的一项。死亡在牧师和会众的生活中不断出现，因此牧师面对死亡的能力就显得格外重要。

这篇短论的写作起因于一个名叫马克·赛哈特（Mark Sehart）的人，他是乔治·斯帕拉丁的朋友，而斯帕拉丁是当时选帝侯智者腓特烈的秘书，也是选帝侯与路德之间的牵线人。赛哈特当时对死亡非常恐惧焦虑，这是最严重、也是最无法避免的一种 *Anfechtungen*。1519 年 5 月，斯帕拉丁写信给路德寻求帮助。当然，路德当时是个大忙人，他正在准备与不共戴天的对手约翰·艾克在莱比锡的辩论。就像他写给理发师彼得那本针对祷告的小书一样，这本书也显示出路德是一位多么令人钦佩的牧师，在繁忙紧张的日程中他依旧挤出时间来帮助一位心灵挣扎的弟兄。

这本书是在路德改教生涯的早期写成的，当时他还没有完全搞清楚权柄和称义的问题，还没有出现卡尔施塔特和茨温利的挑战，但这依旧是一部精彩作品。此外，我们会在这部作品中看到非常浓重的圣礼色彩，我们应当记得路德成熟的弥撒观中最根本的焦点——应许以及饼和杯之下基督完全真实地与基督徒同在——已经在此时存在于他的思想中了。

155 路德认为，预备迎接死亡有许多事情要做。我们可以看到他作为牧师有多么注重实践。首先，他建议要把世上的事务安排妥当，去赦免一切令我们长久心怀不满的人。[49] 然后，我们应该仰望上帝。令人惊讶的是，路德在这里使用异象或画面的语汇来描绘如何仰望上帝。我们必须“把我们的目光投向上帝”。[50] 路德告诫我们，死亡之所以在我们眼前日益凸显，是因为它把它的形象刻在我们的本性中，而我们又被魔鬼怂恿不断凝视它。[51] 路德相信，我们应当不断把死亡、罪和地狱的画面摆在眼前，这样做并非要达到魔鬼的目的，即产生绝望，而是让我们思想生命的短暂，提醒我们需要恩典。[52] 对死亡的恐惧同时也是魔鬼最大的诡计：怂恿基督徒窥视上帝隐藏的计划，探究自己是否被拣选。[53]

实际上，只有一件事是基督徒应当凝视的：十字架上的基督。这也解释了路德为何会赞成使用受难像：透过基督挂在十字架上的

---

[49] *LW*, 42: 99.
[50] *LW*, 42: 99.
[51] *LW*, 42: 101.
[52] *LW*, 42: 102.
[53] *LW*, 42: 102 - 103.

画面，基督徒得以理解什么是死亡，看到自己的罪已经被挪去，意识到最终极的敌人——死亡本身，是如何在道成肉身的上帝之子身上被彻底战胜。[54]

路德还建议基督徒，为了正确面对死亡，他们需要思考一些画面。其中有趣的是组成这些参考意见的，就是圣礼的讨论。圣礼，尤其是弥撒，在临终时刻非常重要。[55] 这也让我们看到圣礼对路德来说多么重要，并且看到圣礼与道连接得多么紧密。他强调在这种情况下圣餐是最首要的：恐惧死亡的人应当领受弥撒，因为弥撒最能帮助他把目光集中在上帝身上。这并不是一种迷信，好像只需要咽下圣餐饼就够了。弥撒之所以最有帮助，是因为弥撒与其呈现的实体紧密相连，而这实体是我们必须用信心来领受的，那就是基督自己。[56] 因此，基督徒应当全神贯注于圣礼的有效性，因为圣礼能够 156
抵消我们因过分专注和高估属灵的仇敌而造成的分心。[57]

详细阐述了魔鬼的诡计与基督的大能之后，路德回来继续讨论圣礼，他把圣礼描述为基督徒必须倚赖的事物，因为圣礼里包含着上帝的道、应许和记号。[58] 圣礼与上帝的道相连，由神父执行，是“真

---

[54] *LW*, 42: 105 – 107.

[55] 值得注意的是，路德在这段论述中，把抹油（即用油膏抹临死的人）作为临终圣礼的一部分。而在《教会被掳巴比伦》中，路德则极力反对把临终抹油作为圣礼，但同时也表明，根据新约的教导和做法，为病人或死人抹油并不是错，或许还有益处（*LW*, 36: 121）。

[56] *LW*, 42: 100.

[57] *LW*, 42: 100 – 101.

[58] *LW*, 42: 109.

正巨大的安慰，同时也是上帝心意的可见记号”。[59] 的确，没有什么比圣礼更好、更适合坚固信心。许多人四处寻找令人惊叹的标志来确定上帝是否恩待他们，路德则指明，与道相连的圣礼就是这恩典的记号。相比之下，那些惊人的、非凡的标志都显得软弱无力，在圣礼面前它们完全没有存在的必要。[60]

在这个讨论中，路德又一次强调了圣礼的客观性。他指出，魔鬼的计谋就是在基督徒的头脑中播撒疑惑的种子，让他们怀疑自己是否真的配得被上帝接纳，使他们生发内省与恐惧。[61] 路德的回应是，人配不配并不是问题，因为上帝不按人是否配得来赐给他们恩典。基督徒只需接受上帝在圣礼中提供的——他在基督里的应许。[62] 像外在的道一样，我们可以说圣礼也是从我们之外而来的，圣礼释放我们脱离攻击我们的 *Anfechtungen*，把我们拖拽到基督那里，他正是我们要透过圣礼的记号，借着信心来抓住的那位。

---

[59] *LW*，42：108.
[60] *LW*，42：111.
[61] *LW*，42：110.
[62] *LW*，42：110.

总结思考

对于现代福音派来说，路德的高派圣礼主义很可能是路德神学思想中最令人感到陌生，甚至最令人困扰的地方。他们所熟悉的教会环境不是圣礼性的。正如我已经多次提到的，这的确也是最大的讽刺之一：路德，宗教改革的伟大英雄，很可能不会承认今天大部分的新教信徒是基督徒。而这显然不符合我们今天的时代精神，我们对福音派合一的渴望常常专注于福音派特色，例如圣经的权威、福音的唯一性和因信称义等，而边缘化或忽略其他不同之处，例如洗礼。路德因基督在圣餐中临在的性质问题使得整个新教破裂，这在今天看来似乎过于迂腐。

然而，事实上，如果我们从路德的神学整体来看，他的立场还是很容易理解的。要回答那个基本的神学性、生存性的问题，"我在哪里才能找到一位恩慈的上帝"，路德把我们指向了道成肉身的基督，如今上帝在道和圣礼中把这位基督提供给我们。救恩是从我们外面而来的。救恩是客观的。当然，路德也和其他人一样关注自己的宗教经历和体验；但是他的神学是非常客观性的。回应他人生经历中呼求的始终是一个外在的答案——基督——并需由信心领受。

那么，非路德宗的信徒能否从路德的高派圣礼主义中得到什么呢？我的回答是强烈的肯定。首先，路德的圣礼主义实际上表明他对福音大能的信心。对他而言，信心并不出自人的宗教体验；信心出自事实,这事实就是上帝在基督的肉身中对有罪的人类施予恩慈。基督是上帝伟大的拯救行动,路德把他的信心扎根在这个上帝的行动上,而不是别的地方。像圣道一样,圣礼是基督的故事穿透进入每个基督徒个人故事的方式。因此,遭遇试探时,路德思想的是他的洗礼;恐惧死亡时,路德拿起弥撒的饼和杯。这些时候,基督徒的故事被接升到基督的——因此也是上帝的——故事里。所有基督徒都必须明白,得救确据的根基是上帝在基督里的拯救行动。

第二,虽然路德经常被诽谤成个人主义者(尤其是从布尔特曼派的有色眼镜来看),但他的圣礼主义表明教会在他的基督徒生活观中占据根基性的地位。圣礼的外在性和道的外在性一样,都要求基督徒必须成为一个教会组织的成员,因为只有在教会里,他才能从自己之外获得圣道和圣礼。洗礼是集体的仪式,弥撒也是集体的仪式。上帝伟大的救赎行动施行在个人身上是发生在信徒聚集、牧师把他们当作一群会众来服侍的环境中。新教起于教会集体的运动,由教会的行动而产生。

158 这也联系到路德的圣礼主义的另一层含义:牧养事工的性质。我们在上一章看到,牧养事工是话语的事工,上帝透过在教会里诵读、宣讲上帝的话而做工。现在,我们要加上一点,牧养事工也是圣礼的事工。就像牧师每周都要讲道,他也要施洗和主领圣餐。重要的是要理解,在这一切事情上,路德把上帝作为施动者。因此,人们常说的"做礼拜"在路德的思想框架中是完全不正确的:基督徒无法"做"礼拜。只有上帝才能"做"礼拜。尽管是牧师在讲道、施洗、主领圣餐，但牧师只是上帝借以实现他的旨意所使用的工具。

针对福音派教会长久以来对那些大型的、壮观的、非凡的、令人印象深刻的事物的迷恋，这绝对是一剂良药。为了使教会能跟上潮流而不断追求下一项大型活动、下一个重大事件，或者寻找那些能让外展事工和门徒训练更加有效的灵丹妙药，这些与路德的思维方式简直是大相径庭。讲道加上执行圣礼，这就是牧师的呼召；这些就是牧师的职业工具，是他用来解决牧养问题的方法。这从技术角度来看是软弱、没有影响力、效率低的，但这些都无关紧要：它们的能力和有效性来自那位施动者——上帝自己。

如果教牧养事工的定义是由圣道与圣礼组成，那么同样，基督徒生活的本质也是圣道和圣礼。路德对圣道、洗礼和圣餐的强调应当使信徒们明白他们该如何看待自己的生命：教会敬拜是门徒训练的根本。面对属灵的疲倦、恐惧、可怕的*Anfechtungen*，基督徒的答案不是那些世人看来特殊的、非凡的事物，这却是荣耀神学家所追求的。而且，每个荣耀神学家很可能都认为自己才是独一无二的，因此他觉得自己面临的问题是特殊的，需要特别的答案。然而，十架神学家却不是如此。十架神学家虽然承认每个基督徒都是独特的，也就是说每个基督徒都是特定的个体，但他明白每个独特的基督徒所需要的答案实际上是非常普遍的，获得这个答案的方法也是非常平凡的。答案始终是那位为我钉十字架的基督，而这位基督就在圣道和圣礼之中。

159 第七章　路德与基督徒的义

上帝啊，你保护所有信靠你的人，凡离开你的，都没有力量，也不圣洁：求你恩上加恩，力上加力，使我们能靠着你的治理和引导，度过短暂的今世，却不失落那永恒的。

——《公祷书》

路德的基督徒生活观中最棘手的问题之一是，个人圣洁的重要性到底有多大。路德的神学里是否有成圣的位置？这是个极其重要的问题，因为它涉及在实际生活中作为一名基督徒到底意味着什么。基督徒是否应该期望自己在圣洁上成长？他能在多大程度上辨认出自己的成长（如果果真有成长的话）？是什么构成了圣洁上的成长？上帝的律法在其中扮演什么角色？是否律法只产生完全负面的作用，提醒我们在上帝面前有多么不义？或者律法也对基督徒的道德行为有一些正面的引导？这些并不是什么抽象的问题，而是每个基督徒都关心的事情。

讨论这些问题很容易陷入一种错误的方法，就是马上钻到路德
160 的作品中，把路德说过的一切有关这个问题的话都挖掘出来。这常常是人们研究过去伟大的神学家时容易犯的错误。在今天这个时代，推特这类社交平台已经说服了世界上绝大多数人，没有什么思

想是深邃到需要超过一百四十个字来表达的。因此,这种方法在今天要比过去更有吸引力。

不过,在这一章里,我要说明的是,在研究这类问题时我们要避免断章取义。路德的观点是微妙的、复杂的,深深地嵌入他的生活和时代中。因此,我们必须在评估他的思想之前,先了解他当时所处的时代背景。

宗教改革——尚未完成的工作

令人惊奇的是,今天大部分福音派接纳路德,却对路德的生平和作品知之甚少。人们甚至相信,就算路德在 1525 年婚礼那天死于动脉瘤,不仅他自己会愉快地逝去,而且这丝毫不会影响他的神学。因为流行的福音派了解路德的主要作品都已经在此之前写成:《九十五条论纲》《海德堡辩论》《基督徒的自由》和《论意志的捆绑》。或许还有一两样重要作品没有写成(伟大的《〈加拉太书〉注释》显然是其中之一),但总体来说,这四部作品就是今天大部分福音派研究路德所使用的材料了。这些作品里包括了大部分路德的名言警句,以及我们所熟悉的可以用来发微博的短句:“荣耀神学家与十架神学家”“一生的悔改”“隐藏的上帝与启示的上帝”等等。此外,截止到 1525 年也很有好处,因为如此一来,就可以避免提及他针对茨温利的作品,这些作品里高派的圣礼主义和对圣礼象征性观点的严厉拒绝,对于今天疑心重重的福音派来说实在太尴尬、太极端、太不可理喻。

不过，这里显然存在一个问题：路德一直活到1546年，而且他还一直继续拼命写作、教书、讲道。截止到1525年，他只做了八年的改教家，他才刚刚开始在维滕堡举行德语的弥撒礼拜，他前面还有二十一年的神学生涯没有走完。

161 这也引出了第二点，也是很少有人注意的一点：当时路德的宗教改革神学还处在尚未完成的状态。刚开始宗教改革的时候，他改变了教牧工作的性质和从事教牧工作的工具。正因如此，这套新的神学产生了新的教牧性、神学性和社会性的问题。这些问题促使他去完善、修正，甚至有时重新思考他的神学。所以很难想象这个过程会在1525年莫名其妙地停止或大幅放缓，如果有人真的这么想，那只是他的主观臆断。

因此，我们需要考虑到，路德在1520年宣告基督徒的自由时，那是一次巨大的突破，颠覆了之前的思想，因此，这也必然会带来不可预见的结果。其中一些结果很可能促使路德反思他在1520年的陈述，并在必要的地方做出一些完善或修改。当然，他也可能并没有这么做；但我们不可以简单地假设，1520年的那些话在接下来的二十六年间一直是路德表达方式和内容的标准。

认识时代

正确解读路德的另一方面是要了解路德如何理解自己所处的时代。我们在第一章提到过，路德对犹太人的看法经历了剧烈、极端的改变。在1523年，他提出基督徒应该把犹太人当作邻舍来善待,为传福音预备机会。可是到了1543年,他却说犹太人应该受到迫害,甚至如果可能,应该被种族灭绝。这种思想改变十分巨大,不仅体现了人到晚年的苦毒与愤怒,而且也说明他对所处时代的理解改变了。

这种改变实际上也反映出路德在末世观上的失望。他的末世论继承了中世纪晚期的观点,此观点认为末世临近,基督即将到来。在宗教改革运动的初期,改教运动惊人的成功似乎预示着末世的一切真的会马上发生。在沃尔姆斯会议之后,路德开始被人们视为《启示录》里的人物,人们对末世的期望变得更加强烈而具体。不过,到了16世纪20年代后期,形势出现逆转:先是激进派,后有茨温利,冲突四起,把整个宗教改革运动撕扯得支离破碎。路德宗内 162
部的争吵和斗争削弱了改革事业。贵族们对世俗权力的兴趣也越发超过了真正的改革本身。这一切都表明,也许末世没有想象的那么近,也许宗教改革并不是为基督即刻再来做铺垫和准备。

那么,这一切对我们现在要处理的问题有什么影响呢?影响巨大。一个坚信上帝马上要来结束历史的人的讲道,与一个准备坚持长期作战的人的讲道之间有着天壤之别。1522年,路德还能在讲台上夸口说,宗教改革运动之所以成功,是因为当他与梅兰希顿以及阿姆斯多夫坐在酒吧里喝酒时,上帝的道做成了一切的工作。只有当一个人极度自信,认为历史进程一定会按照他的方式进行时才会说出如此张扬的话。可是到了1527—1528年,情况就不一样了。路德开始发现,单凭讲道无法实现他希望看到的结果。一些教义和他所强调的重点需要完善、组织、澄清，甚至需要重新校正。

总之，我们可以看到今天福音派研究路德时取材片面的问题所在。他们的取材都集中在路德对宗教改革的结果非常自信的时期，他当时坚信讲道可以实现一切。鉴于他在1525年之后改变了看法，我们不可以不假思索地假设路德在此之前的观点都是合乎规范的，或者说哪怕在路德整个一生中这些观点都没有产生任何问题。

路德早期思想中对善行动机的理解

在1519年的“两种公义论”(Two Kinds of Righteousness)这篇讲道中，路德阐述了他对公义的基本立场。其中，路德区分了两种义，外来的义(alien righteousness)和自身的义(proper righteousness)。**外来的义**是当基督徒以信心领受基督时所获得的义。这种义是无限的，吞灭一切罪，叫信徒在上帝面前完全。[①] 这种义具有渐进性，但是这种渐进性是以对基督的信心和认识的增长来衡量的，因此不可以与实际的义(actual righteousness)的增长相混淆。[②] **自身的义**包括消
163 灭肉体，把邪情私欲钉在十字架上，向我们的邻舍行善。[③] 这很像我们一般说的成圣(sanctification)，而且这种义有外在的表现。

最重要的是这两种义的关系。路德很清楚地阐明两种义之间

---

① *LW*, 31: 298 - 299.

② *LW*, 31: 299.

③ *LW*, 31: 299 - 300.

的确存在某种关系。外来的义与自身的义不是彼此独立、互不相关的。但外来的义在逻辑上是优先的：自身的义直接建立在信徒得着基督时与基督构成的关系之上，因此，自身的义建立在外来的义之上。事实上，路德说，自身的义是基督徒与外来的义合作的结果，而且自身的义是外来的义的果子和结局。④ 他如此描绘道：

> 这种义［即自身的义］是对第一种义［即外来的义］继续完善的过程，因为它一直在尽力排除老亚当，摧毁罪恶的肉体。所以它恨自己，爱邻人，它不为己谋利，只为他人造福，这构成了它的整个生活之道。在这个义里，它痛恨自我，毫不为己，把肉体连同邪情私欲钉在十字架上。由于为他人谋利，以爱心行事，所以在任何情况下，他都能按上帝的意志行动，严格自持，对邻里以义相待，对上帝恭敬虔诚。⑤

这种义的动机扎根于基督论。路德表明基督是伟大的榜样，但并不是"基督帮助穷人，所以你也要去帮助穷人"这么简单。他在这里引用《腓立比书》2 章的话："以基督耶稣的心为心。"所以，他认为他的实践伦理学是建立在"以基督的心为心"的基础上。基督虚己、

---

④ *LW*，31：299,300.
⑤ *LW*，31：300.

道成肉身,因此所有理解披戴外来之义的基督徒都会开始像仆人一样服侍他们的邻舍,至少应该如此。[⑥] 我们可以说,路德认为自身的义是认知基督里我们因领受外来之义而称义的含义时所自然流露的结果。爱心是善行的动机,也塑造了善行。[⑦]

164 然而,我们必须留意两个潜在的问题。第一个问题是路德假设外来的义会生发自身的义。由此基本假设可能推论出,只需要宣讲外来的义就足够达到路德希望看到的实践效果。第二个问题是以仆人的心志来服侍的伦理准则,路德将其描绘为爱。这听起来很令人敬佩,但是我们必须留意,爱和仆人心志这两个概念本身是需要更准确的伦理学定义的。黑手党老大想要除掉对手,他会要求一位手下为他服务。这位手下也甘愿效劳。但这并不是仆人心志,也不是爱。一个连环杀手可能认为他杀人是为这些受害者服务,帮助他们解脱肉身痛苦,但这并不是爱。此外,在今天这个时代,爱这个字已经失去了意义,变成廉价的感觉或心理倾向,以爱的名义人们可以为所欲为。把爱绝对化为基本的伦理观很显然有许多弱点。

那么,我们要问:爱到底是什么样的?仆人式的服侍到底是什么样的?基督徒如何培养这种道德观?这些问题是路德在 1527 年所面临的严峻挑战。

---

⑥ *LW*, 31: 302 - 303.

⑦ 参考路德在《基督徒的自由》中讨论善行的部分(*LW*, 31: 371)。

教区探访

1526 年，路德宗的改教事业进入到整合阶段。在福音派与罗马天主教之间，已经清晰地划分了神学界限。[8] 路德宗的贵族们已经没收了大部分教廷财产——修道院、教堂等等——因此粉碎了罗马在萨克森的主要财政基础。另外，福音已经在这片土地上被宣讲了一些年日。路德认为是时候为后续发展进行评估了。

那些只对路德的思想感兴趣的人很容易忘记，改教家们所面临的问题往往是非常重要而有影响力的。宣告一片领土归到福音派阵营很容易，但切实保证这片土地上的每个讲台都有优秀的牧师宣讲福音派教义则没那么简单。训练讲道人需要花费大量的时间，而当改教运动迅速燃遍整片土地的时候，时间恰恰是稀缺的东西。因此，自 1525 年年底开始，路德一直催促萨克森选帝侯约翰（Elector John of Saxony）批准他探访各教区。因为他担心贵族们用没收教廷财产所得资金中饱私囊，而并没有为了共同利益建造学校和其他机构。他也希望亲眼看看宗教改革如何帮助到教区的普通百姓。 165

一开始，路德的建议并没有产生多大作用。所以到了 1526 年 11 月，路德向选帝侯约翰抱怨贵族们贪婪地把改教运动的收入占为己有。到了 1527 年 2 月，选帝侯终于安排了教区探访工作。每个探访小组由四名成员组成，其中两名成员负责调查教区的经济和社会

⑧ 我在这里使用的“福音派”一词指“路德宗新教”，而不是指后来的现代福音派。

状况,另外两名负责调查神学和属灵事务。不过,探访工作缺乏领导和连贯性,因此,路德、梅兰希顿和其他一些人渐渐开始为探访者们制定基本的探访指南。到了1527年底,梅兰希顿写了一份正式文件——《探访条款》(*Visitation Articles*)。然而,这份文件却在这位温和的希腊文学者与约翰尼斯·阿格里科拉(Johannes Agricola of Eisleben)之间引发了争论。争论的焦点是律法的角色。阿格里科拉认为,梅兰希顿在某些问题上向教皇派做出过多的让步。

探访之争最后的结果非常有趣。1528年初,选帝侯要求路德为《条款》写一篇序文,路德写了。因此,虽然《条款》本身是梅兰希顿的作品,但也获得路德明确的出版许可,因为路德之后也亲自做了一些修订。因此这部作品一般也被收纳到《路德全集》中,代表了路德本人对探访的看法。

探访非常重要,因为这为路德提供了福音传讲后教区生活的详细信息,使他可以评估福音所强调的内容如何在基督徒日常生活中被应用出来。探访的结果让他既不惊喜,也不感到鼓舞。这促使他写作了两部要理问答。也许最值得注意的是,梅兰希顿与阿格里科拉的争论预示了1537年冲突的爆发。核心问题在《探访条款》的开篇已经初露端倪:

> 如今许多人只谈论赦罪,却很少或根本只字不提悔罪。没有悔罪就没有赦罪,没有悔罪也无法理解什么是赦罪。因此,如果我们只传讲赦罪却不提悔罪,人们会以为

他们已经罪得赦免,因而自居安然,没有良心悔悟。这是至今为止最严重的错误和罪恶。我们必须对此重视,否则,就如基督在《马太福音》12章[45节]所说的,末后的景况比先前更不好了。[9]

这段陈述极其重要,因为这凸显出路德的教导中至关重要的平衡性:尽管路德极力强调上帝在基督里的决定性和充足性,但他并不希望看到一种对恩典的片面强调,使恩典吞没律法的力量,侵蚀上帝的圣洁,掩盖堕落之人所处的危险状态。我们在后面会看到,这个问题到16世纪30年代后期又一次爆发了。不过,现在我们要看一看路德在1528年是如何通过要理问答的写作来解决这个问题的。

要理问答

路德的《小要理问答》序文的开篇段落,非常完美地体现了他因在教区的见闻而发出的愤慨与惊骇:

马丁·路德博士愿在我们的主耶稣基督里面的一切恩典、慈悲、平安,归于一切忠心虔诚的牧师与传道者。

我近来巡视教会的时候,被平信徒们可悲叹的苦况所

⑨ *LW*, 40: 274.

> 震撼。这巨大的震撼催促着我用朴实简单的语言和体裁，写成了这本关于最基本的基督教要理问答的书。
>
> 亲爱的上帝，恳求你的怜悯！我无法描述我所见的苦况！平民对于基督的道理毫不晓得，乡村的百姓更是如此。更糟糕的是很多牧师本身毫无学识，却教训他人！
>
> 很多人名义上是基督徒，也受过洗，也跟着领受圣餐礼，却连主祷文、信经和十诫都不晓得，好像可怜的牲畜和无理性的猪一样度日。直到这些百姓听到了福音，他们才晓得自己是怎样生活在捆绑之下的。[10]

167 “他们好像猪一样度日”这句话意味深长。教区的问题既是教育上的问题，同时也是道德上的：人们不知道自己该知道什么；他们像猪一样。这两者当然彼此相关：如果我们无法理解上帝透过他客观的道与圣礼在基督里把自己赐给我们，那么基督徒生活必然是建立在松散的沙土之上。另外很明显的一点是，只宣讲福音不足以达到路德希望看到的结果——真正敬虔的教区生活。路德需要更加仔细地思考如何实现这个目标。他不能只坐在酒吧里喝酒而让上帝的道做所有的事。[11]

---

⑩ *BC*，338.

⑪ 当然，1522年的这句话本身也是夸张的说法；路德所做的不止是坐在酒吧喝酒。但是，到了1527—1528年间，他很明显发现了教会需要更多有意识的组织和计划，因为讲道本身无法达成一切。

阅读《小要理问答》的内容，我们会发现路德典型的讨论顺序——十诫放在使徒信经前面先讨论，因此律法先于福音。不过，有趣的是，这本要理问答提供了实践性的细节。事实上，在序文里，路德吩咐传道人集中解决会众最倾向犯的罪。所以，面对农民和工人，要集中于偷窃的罪，因为他们最容易受到这方面的试探；而面对孩子则要强调孝顺父母。⑫

同样有意思的是，有关十诫的回答都是基于对上帝的爱这个概念。我们在前面指出，对上帝和邻舍的爱是构成自身之义的基础，自身之义是从借着信心获取的外来之义中流露出来的，但是我们也看到，爱本身是比较空的范畴。圣经教导的爱都是有具体内容的：上帝爱以色列，带她出埃及。上帝爱教会，差遣他的儿子为她舍命。

同样，基督徒的爱也是有内容的，不能被简化成为一种唯美的感觉。《小要理问答》中论十诫部分描述了基督徒之爱的内容。例如，在讨论第八条诫命时，《小要理问答》这样说：

> “不可作假证陷害人。”
>
> 这是什么意思？
>
> 答：我们当敬畏、亲爱上帝，因此就不应诡诈说谎、泄漏秘事、背地诽谤，或损坏人的名誉；相反地，我们要为他

168

⑫ BC, 340.

人辩护，表扬他的长处，并且用善意解释一切的事。[13]

解释这段诫命以及路德的序文评论的方式就是使用标准的律法-福音辩证法：想要讲道起到效果，讲道人必须在应用律法时非常具体。然而，当我们读到“像猪一样度日”的评语时，很难否定这是路德极度悲痛的表达，是他为那些听了福音却无法活出基督徒生命之人所发出的叹息。在这个背景下，对律法的解释似乎有了其他的意义，律法不仅仅是揭露人的亏欠，引领罪人绝望，预备转向基督。

在《小要理问答》解释主祷文第二句祷告时，我们可以看到这一点：

“愿你的国降临。”

这是什么意思？

答：确实地讲，上帝的国是自己要降临，并不在于我们的祷告；我们祷告乃是乞求上帝的国降临在我们中间。

这事要怎样成就呢？

答：圣父把圣灵赐给我们，使我们因着他的洪恩信靠他的圣道，并在今生虔敬度日，直到永远。[14]

---

⑬ *BC*，343. 当然，要记得路德宗对十诫编号方式不同。

⑭ *BC*，346.

圣灵赐下是为了使信徒能虔敬度日。这并非把圣洁生活的概念简化成不断增加对外来之义的倚赖感，甚至成为排除任何其他行为范畴的理由。

《大要理问答》的教导亦是如此。在这部作品中，路德对十诫的解释远远超过强调每条诫命的要求；他还指出需要教导、培养人们一些行为模式。因此，基督徒父母应当教导孩子如何尊重、顺从、关怀父母。他们要指教孩子用财物来尊敬父母，也要用合宜的语言与父母说话。[15] 这在路德解释第七条诫命时更加明显，人们要学习这条诫命，好叫他们可以约束自己欺诈与偷盗的行为。因此，解释律法的目的并不只是使良心恐惧不安；同时也是为了塑造基督徒的社会道德观念。要理问答的教导清楚表明，生活方式需要通过教导和培养来获得（"这就是爱在行为中的样子"），而不只是一种神学原理（"上帝是圣洁的；你是罪人，永远达不到标准"）。这种观点与路德前期的教导是一致的。在 1519 年他的《〈加拉太书〉讲义》系列中这样写道： 169

> 诫命是必要的，但不是为了叫我们通过做它们吩咐的工称义，而是为了叫我们这已经为义的人知道我们的灵该如何钉死肉身，在今生之事上引导我们，以防肉身变得高傲，挣脱缰绳，抖落骑手，就是信心的灵。缰绳是为马预备

⑮ *BC*，379 - 381.

的，而不是为骑手。[16]

这里，路德提到上帝的诫命有正面的作用。虽然诫命无法产生使人称义的义，但它们可以指引基督徒如何控制肉体，并因此塑造他的外在生活。路德在这里所说的，和在要理问答里所说的一样，对于那些借信心与基督联合、以爱上帝和邻舍的心为动机的基督徒来说，律法为他们提供的是基督徒实际生活的惯用表达方式（通过爱的镜片折射出来）。

《探访条款》明确指出，教区牧师在接受和传播路德教导的过程中有所失衡，由此导致了改教运动讲道所产生的效果有严重的缺陷。《条款》注意到，牧师们趋于只讲福音而忽略律法，试图只培养信心而忽略悔改，这导致了不符合基督徒道德标准的行为。只讲耶稣的方法已经证明是有问题的，路德和他的同事们明白这一点，也希望解决这个问题。律法有自己的位置，它能引领人悔改。律法有自己的作用，它能以细致的方式来塑造基督徒对上帝与邻舍之爱的
170 样式。当人们越来越意识到耶稣再来的盼望不会即刻实现时，更谨慎而精确的道德教育便显得越发必要。

反律法主义争端

路德所经历的路德宗内部最严重的神学冲突就是 16 世纪 30 年

---

⑯ *LW*，27：232.

代末的反律法主义争端(Antinomian Controversy)。争端的细节很复杂,在这里我们只能简单介绍一下事件概要。然而,这场争端的神学重要性不容小觑,因为它让我们看到路德的一些跟随者如何接受并发展他的教导,并且路德本人又是如何看待这些发展的。⑰

这场冲突中的主要对手是约翰尼斯·阿格里科拉,他就是在1527年就探访问题与梅兰希顿发生碰撞的那个人。在1537年初期,阿格里科拉在路德外出时替他讲道。在这段时期,阿格里科拉的一些独特观点开始浮现出来。他认为上帝的愤怒不是透过律法,而是透过福音彰显的。我们可以看出,这是对十架神学的极端应用。十字架的确彰显了上帝的愤怒,但是把上帝愤怒的启示缩减成十字架并不符合圣经的教导;说彰显上帝愤怒的是福音而非律法,这显然质疑了律法本身的地位和必要性。随着冲突的升级,阿格里科拉的独特教导在结构和神学上的至关重要性越发明显:律法在基督徒训诲中没有实际作用。阿格里卡拉所关心的是避免任何带有善功或律法主义味道的东西,他的本意也许令人钦佩,但结果却是灾难性的。

路德在一篇简短的论文《驳反律法主义者》(*Against the Antinomians*, 1539)中做出了回应。这部作品开篇以轻蔑的口吻提及了一些人试图把十诫排除在教会之外,而将其限制在市政大厅

⑰ 关于争端的记述,参见 Martin Brecht, *Martin Luther: The Preservation of the Church 1532 - 1546* (Minneapolis: Fortress, 1999),156 - 171。

里——也就是说把律法限制在世俗范围内。[18] 接下来，他强调自己曾多次著书解释并应用十诫。[19] 路德提出，只集中于十字架无法宣
171 讲上帝的愤怒，他引用了自己的做法，并指出在他之前的明谷的伯尔纳(Bernard of Clairvaux)也是这么做的。[20] 然而，他依旧强调律法是激发罪人悔改的基本途径，这是使徒保罗在《罗马书》中表明的，也是现代传道人的范例。[21] 事实上，路德坚决反对在宣讲愤怒之前先讲恩典的新做法。[22]

反律法主义者所忘记的，也是我们在此需要特别提醒的，是路德神学的基本原则，那就是所有基督徒都同时是义人和罪人。更具体地说，我们需要记得，路德对基督徒生活的观点并不是今天福音派流行的归信主义。律法的宣讲不是猛然带来一生一次的危机经历，使人一下子从上帝的愤怒之下进入恩典中，从此以后就不再需要律法了。相反，基督徒要不断地战斗，不断地在善功的魅惑与基督的恩赐之间摇摆。这场战争要一直持续到死亡为止，因此律法对基督徒来说一直有重要的意义。

我们也可以把这一点与路德在 1528 年所说的“像猪一样度日”的话联系起来。律法的确是要粉碎人们的自义；但路德同时也明确

---

⑱ *LW*, 47：107.
⑲ *LW*, 47：109.
⑳ *LW*, 47：110.
㉑ *LW*, 47：111,114.
㉒ *LW*, 47：114.

指出，律法还提供了爱上帝和邻舍所包含的内容。

除此之外，最后还有一点需要留意，路德在1539年的《论教会会议与教会》中所提到的教会的记号：

> 因为所谓基督徒的圣洁，即普世基督教的圣洁，照着《使徒行传》15章[8—9节]所说，是由于圣灵使人相信基督成为圣洁，那就是，他更新人的心、灵、身体、工作和生活，又照着《哥林多后书》3章[3节]所说，他将上帝的诫命写在心版上，而不是写在石版上。[23]

他继续斥责那些教导恩典是一切的人，他脑海里想到的大概就是阿格里科拉及其党羽：

> 因为反律法派拒绝而且不明白十诫，过多讲基督的恩典。他们坚固并安慰那留在罪恶中的人，告诉他们说，他们不必畏惧罪或因罪而惊恐，因为基督除去了一切的罪；然而他们虽然知道，却容让人们继续公开犯罪，并没有什么更新或改进。由此可知，他们并不真了解信仰和基督，就在他们传基督的时候，就把基督废弃了。因为一个人若是不听从，也不实行那在第二块法版中为他所能明白和经 172

[23] *LW*, 41: 145.

验到的圣灵的工作，那么他怎能正确传讲那在第一块法版中他从未尝试过、经验到的圣灵的工作，也就是那安慰、恩典、罪得赦免呢？[24]

前面几句话彻底摧毁了任何争辩基督徒生活只需要恩典的人。路德所说的已经十分清楚了，失衡地强调恩典和“唯独耶稣”会导致虚假的安全感和不道德的犯罪许可。很明显，至少在16世纪30年代后期，路德认为行为的改变是福音真正被传扬的记号之一。当然，这又回到我们前面的问题，这种行为应该是什么样的？答案已经在他的要理问答里了：这就像是对十诫的遵行——由爱激发、借爱诠释。

一般来讲，梅兰希顿被认为是发展出律法的第三重功用的功臣。所谓律法的第三重功用，就是指律法作为基督徒实际日常生活向导的功用。实际上，我想证明的是，这教义的基本概念已经出现在马丁·路德的思想中（特别是1525年之后），即便他可能没有用过这个术语。我该如何爱我的邻舍？就是不杀害他，不偷窃他，不与他妻子犯奸淫，不贪图他的财物。作为一名基督徒我应该这样做吗？应该。作为一名基督徒我会做到吗？上面引述的那段话似乎在这一点上没有给我们什么怀疑的理由。因此，我们不应当固步在路德论述律法的修辞上，而应当继续往前，看他如何理解爱的实践

㉔ *LW*，41：147.

内容。没错，路德本人在讨论救恩时通常避免使用正面的语言来谈律法，他清楚阐明律法的功用是引导社会道德，并催逼人对自己绝望。但当我们透过他所说的来看他如何看待爱的内容时，就会发现他对爱的定义就像是十诫里的伦理原则。[25]

㉕ 在《〈加拉太书〉讲义》系列二里，当路德解释 3：19 时，对律法的应用范围给出了清晰而戏剧性的陈述（*LW*，26：315－316）。

173 ## 总结思考

我之所以把这一章纳入本书，原因很简单，因为路德是新教最重要的称义教义的源头(因着恩典借着信心称义)，这意味着在当代福音派教会讨论此问题以及相关教义时，路德的角色很重要。我们是新教徒，是相信圣经的人，我们喜欢把所有的讨论都固定在经文上，但我们也知道，引用过去的属灵伟人对讨论也有举足轻重的作用。这理当如此，因为我们受益于先辈们。面对路德这样高度的人，我们必须深思熟虑，不可草率丢弃他们的观点。

在现今的情况下，侧重强调恩典从某些方面来讲极其重要。基督的丰富性，因信称义的本质，由此而来的基督徒自由，这些对于福音派信徒来说都是极其宝贵的真理，在这些问题上引用路德本人的洞见再合适不过。

然而，我在本章开始也提到：路德神学本身是随着时间渐进发展的，路德宗教会的讲道产生的牧养结果促使路德在重点和细节上做出改变。此外，1525 年之后宗教改革运动在期盼末世到来上的失望，使路德更加冷静地看待他对基督徒生活的展望应该如何实现，在信仰教育上应该如何更有计划、更清晰。

后期的路德更加强烈地意识到，对恩典教导的接受，本质上与领受者外在表现紧密相连。当一个人知道自己没能满足上帝的律法因而处在上帝的愤怒之下时，恩典是一件严肃的事情，有着很严肃的结果。他会以喜乐和欢欣来接受恩典，在随恩典而来的自由中陶醉，但这个自由也深刻地体现出他对上帝圣洁的理解。然而，当一个人没有理解他在上帝眼中是最该受咒诅的，因为上帝是圣洁的，而他自己是污秽的，恩典则会滋养他的放肆与傲慢，他也不在乎以真正的基督徒的方式来回应恩典。

也许我已经反复说了许多遍，但我还是要说：在我们所生活的时代里，对圣洁、公义的上帝心存敬畏是一件稀奇的事。西方文化，尤其是富裕的西方文化，是自私、骄纵的文化。在这样一个时代，先宣讲恩典后提律法和上帝的愤怒，或者根本不提后者，结果可想而知：骄横自满、反律法主义，或者引用路德的话，度日如猪。路德的称义教义有两个基础：面对罪持续不断地宣讲上帝的愤怒；清楚意识到所有基督徒都同时是义人和罪人，因此需要用律法的大锤去砸碎有罪的良心。 174

这又回到我在第二章所提出的要点：路德所说的是十架神学家，而不是十架神学。十架神学是一套知识体系，或者打个比喻，是一副眼镜，透过它我们可以翻转一些词的意思，例如**刚强**和**软弱**。十架神学家则是活生生存在的人，这涉及他最深层的存在。十架神学家无法油嘴滑舌地谈论十架神学。如果真有这样的人，可以肯定他不是一位十架神学家。在路德的思想里，传讲十字架与讲一些关于十字架的事情或道理有着极大的差别。谁都可以做到后者，但只有十架神学家才能做到前者。

最后，我们必须注意，路德本人也意识到他需要改善并更加详细地阐述他所说的爱，即爱是善行的动机和内容。如果基督在1525年之前真的再来了，也许这足够作为一项伦理标准。然而，到了1527—1528年，很显然，他发现需要一些更清楚、精确的说法。两部要理问答表明，十诫的道德实质就是爱的基本内容。

这对我们今天来说很重要。爱几乎已经成为我们社会的最高道德标准。人们以爱的名义为堕胎、安乐死、同性婚姻和奸淫等行为辩护。列举这些足以说明，爱已然成为空泛无意义的字，就像其反义词恨，也可以被用来消除一切反对声音。因此，如果基督徒真想发展出一套基督教伦理观，那么我们所需要的就不只是爱这个字。爱需要内容来定义，否则就成为空洞的感觉或审美。所以，研究路德个人的发展过程，远比挑选他的一些名言警句更有帮助。就像路德提醒我们的，圣经里的爱有具体的形式，爱包括培养、鼓励某些行为，而拒绝另一些行为。因此，在基督徒讲道、教导和培养门徒的过程中，这个行为上的转变是重要的一部分。

第八章 属世国度中的生与死 175

——政府、呼召和家庭

才德的妇人,谁能得着呢?

她的价值远胜过珍珠。

——《箴言》31:10

任何时代、任何社会中,公民行为(civic behavior)一直是对基督徒而言最紧迫的问题之一。基督徒属于教会,但是教会总是与社会毗连。那么,基督徒该如何与教会之外的世界相处?基督是君王,但是在地上还有其他的君王和统治者,基督徒该如何把这两者联系起来?基督本人说凯撒的物当归给凯撒(太 22:21),保罗也倡导顺服掌权者(罗 13:1—7)。但是,到底什么才是属于凯撒的?如果掌权者像阿道夫·希特勒那样滥杀无辜,作为基督徒,我们该怎么办?

把教会和国家作为两个毗连的实体,这本身是 16 世纪的神学与社会革新的结果,路德也在其中扮演重要角色。在中世纪的欧洲,每个人生下来就受洗加入一间教会,因此这也是连接教会领域与国家领域的重要身份。当然,犹太人不会受洗;这也是他们被逼 176
迫的主要原因,因为这意味着在当时的社会结构下,他们是不可同化的。

新教的神学打破了中世纪基督教王国的模式。第一，新教建立了认信群体(confessional communities)，这不同于罗马天主教所提供的。因此，在16世纪，根据《奥格斯堡和约》(Peace of Augsburg, 1555)的条款，认信性的国家诞生了，统治贵族决定他的领土范围内的信仰。即便在五十年前，这种协议也是令人难以置信的。在路德出生、成长的世界里，人们无法想象教会不是一个，而是多个。

早在路德改教生涯的初期，就如何理解社会的本质，如何理解教会在社会中的地位，路德的神学在这问题上已经造成了张力。1520年，路德不但提出了他的伦理宣言(《基督徒的自由》)和他的圣礼宣言(《教会被掳巴比伦》)，他也为教会和国家之间未来关系的问题提出了建议。其实，他的《致德意志基督教贵族书》是一部极有分量的战略性作品。路德当时所面对的，不仅是教会拒绝执行他建议的改革，而且包括教会试图让他闭嘴的种种努力。在这种情况下，改教家转向了唯一有能力推进改革运动的人——贵族。如此，他开始论述救恩如何影响基督徒在公共领域的生活。世界即将经历无法预料，且(回头来看)无法控制的改变。

属灵与俗世的再定义

1520年，就像圣礼宣言的标题所表明的，路德认为教会被掳了。手铐脚镣等画面贯穿《教会被掳巴比伦》一书。路德认为当时的教会机构把人们捆绑起来。这一点在另外两部作品中也体现得很明显：在《基督徒的自由》里，他选择用自由这个词有特殊目的；当他在

《致德意志基督教贵族书》里讨论教会与掌权者的关系时，他尤其集中揭露了教会扩张其权势的途径。

在详细讨论《致德意志基督教贵族书》之前，我们需要注意一点，路德所讨论的这些内容都是基于他的神学信念，那就是，基督徒生活以及所有基督教事工与机构，都必须透过十字架来理解。我们在第二章提到过，十架神学家看到那位超越的生命之主亲自成为人、羞辱地死在十字架上，这修正、颠覆了他对一切事物的看法。十字架对教会及教会权柄的概念产生道德影响，受苦和仆人式的服侍才是教会生存的记号。因此，路德的主要任务之一就是依据上帝在钉十架的基督里的启示，来批判教会的错误。

在《致德意志基督教贵族书》里，路德以这个基本信念为路径，提出教廷筑起了三道围墙来抵制世俗政权推进的改革：第一，教廷区分现世（或称俗世）权柄和属灵（或称神圣）权柄，并把前者置于后者之下；第二，教廷宣称垄断对圣经真正的解释权与应用权，因此自持豁免权不向他人负责；第三，教廷自称只有教皇才能召开公会议。[1] 我们在这里所关注的是第一点，即在圣俗之间的等级区分。

中世纪教会假设这种区分是合理的，并由此总结出有些呼召在本质上比其他呼召更神圣。路德本人的经历体现了这种思想：虽然没有得到父亲的许可，但他还是进了修道院，离开了俗世的呼

① *LW*，44：126.

召，在当时这带来更多的属灵声望，在救恩的问题上也更有功德的潜力。

在《致德意志基督教贵族书》中，路德一开始便抨击并否定这一基本区分：

> 他们称教皇、主教、神父和修士为“属灵的阶级”，称君主、贵族、工人和农民为“属世的阶级”。这真是一个巧妙的谎言和虚假的虔诚。但谁都不要因此恐慌，因为所有基督徒都为“属灵的阶级”，在他们中间，除了职务不同以外，没有其他的差别。②

在这段陈述的背后是内在和外在之间的基本区别，这是路德至
178 少早在1517年9月的《驳经院神学论纲》里就提出的，这也是《基督徒的自由》一书的核心。③ 使人成为义的不是外在行为本身的价值，而是他与上帝的道之间的关系。④

这一点对教会与俗世领域的关系有显著的影响。信靠上帝之道的人就是属灵的人，与他外在的行为或职务无关。路德进一步强调这一点，他指出信徒的祭司身份：我们是借着洗礼被归入基督里，借着基督的祭司职分我们也成为祭司。这不仅要求教会修正对按

② *LW*，44：127.
③ 例如*LW*，31：11，362。
④ *LW*，31：344－345.

立与圣职的理解，也再次指出罗马教廷为保护自身权力而建立的等级区分本身是完全错误的。⑤

既然所有信徒既属世又属灵，那么很显然，我们需要重新构建属灵与属世的关系。俗世掌权者因着洗礼和称义也成为祭司，而罗马教会完全破坏了这项真理。⑥ 因此，既然所有基督徒都是祭司，那么在地上外在呼召就不能用属灵与不属灵来理解了。在一个关键段落里，路德这样总结他的观点：

> 正如那些现在所谓的属灵人——神父、主教或教皇——和其他的基督徒并没有差别，也并不更为优越，他们不过受了委托，以传道并举行圣礼为业；同样，俗世掌权者也是一样，他们不过受了委托，拿着刀和杖来惩罚恶人，保护善人。皮匠、铁匠、农民，各有各的工作和职务，但他们也都是受圣职的神父和主教，而且每人的工作和职务，必须对别人有益处，这样可以为社会的物质和属灵福祉做许多不同的工作，正如身体的百肢彼此服事一样。⑦

在这段里，路德表达了许多关键的概念。第一，我们要注意，基

---

⑤ *LW*, 44：127－128.路德宣称，在按立授职时，主教是代表着全体教会，他被分别出来进行服侍，不是因为任何属灵优越性，而是因为良好的治理需要这样的权力委托。

⑥ *LW*, 44：128.

⑦ *LW*, 44：130.

督教事工的意义在于那些参与这事工的人们是被分别出来执行圣道与圣礼的。这些人本身并没有什么神圣之处,这呼召本身也没有什么特别的功德。这都是上帝作工的工具。

第二,路德把基督教事工和俗世掌权者的呼召做比较,提出一项具有重要含义的区分——正如牧师的工具是圣道与圣礼,俗世掌权者的工具是刑杖与刀剑。

这是最为重要的区分,因为它指向一个更基础性的区别——一边是属灵或教会权力与统治规则,另一边是世俗世界的权力与统治规则。教会以圣道与圣礼的形式掌握权柄。我们在之前的章节提到过,这也是对我们很好的提醒,教会不应该以属地的方式,如世人眼中的强大、抱负和威压,来理解自己的权柄。教会的权柄与十字架息息相关,是世人看来卑贱的、软弱的——一位被钉死的上帝现在借着软弱的讲道与圣礼来工作。在当时的时代,教皇通常沉浸于世俗政治的尔虞我诈之中,甚至有时直接参与到军事冲突里,所以路德的这种思想非常激进。

相比之下,俗世掌权者则拥有刑杖和刀剑。他们的权柄是强制性的,并且这权柄赐给他们是为了赏善罚恶。我们在此看到了通常被后世称为“路德的两国论”的概念:属灵领域与俗世领域是两种不同的现实,全人类都被置于这两种领域的现实之中,而这两种领域由不同的工具和规则来统管。

路德在后期会更详细地阐述并维护这一观点,但在这一段早期的文字里可以清晰看出,路德在当时已经意识到这个概念的含义:

一切属世的呼召，当人们在信心里执行时，都成为正当而且属灵的。他用鞋匠、铁匠和农民来举例：作为在基督里的君王和祭司，他们是神圣的；他们属地的呼召是整个俗世社会中正当的一部分，他们的工作促进了整个社会的幸福繁荣。

俗世掌权者 180

1523 年，路德写了一部作品：《论俗世的权力》（*Temporal Authority, to What Extent It Should Be Obeyed*），这可以说是《致德意志基督教贵族书》的续篇。在 1520—1523 年之间发生了许多重要的事情，其中最重要的是路德自己对权威的蔑视和抵抗行为，这可以说是公民不服从（civil disobedience，或译作“非暴力抵抗”）的例子，发生在沃尔姆斯帝国会议上。因此，在这部作品中，他更严谨地维护俗世政权，也更准确地思考其权力的本质和范围。

这部作品多年来极有争议，主要原因在于它可以被用来否定对俗世掌权者的反抗。鉴于德意志后期的历史，以及面对纳粹暴行时许多教会的不抵抗，这部作品似乎使路德的政治思想被刻上了负面的印象。本书的目的不是要审视其中的每个方面，但是一些突出要点与我们讨论的内容有关。

第一，路德认为俗世掌权者是上帝设立的。因此，他们的职分拥有上帝的委任权，并在其指定的领域内拥有重要权柄。路德引用的最基本的经文就是《罗马书》13：1：“在上有权柄的，人人都当顺服他，因为没有权柄不是出于上帝的。凡掌权的都是上帝所命的。”

这里清楚表明掌权者是上帝设立的。[8] 此外，掌权者实施的法律，或者至少各社会建立特殊法律法规所基于的一般法（general law），是从起初就存在的，这可以从该隐杀害亚伯产生罪责与惩罚看出（创4：9—16）。[9] 虽然路德相信，基督徒不需要外在的法律约束，因为他们能够活出真正基督徒的道德标准，但他同时也意识到受过洗的信徒很少有能达到这个程度的。这就是我们需要俗世掌权者的原因——维护并合理应用律法，惩罚犯罪者，保护无辜者。[10] 此外，俗世掌权者履行其职责，甚至包括对恶人处以死刑，都是上帝准许的。在《桌边谈话录》里记录了路德嗤笑他听到的一个故事，在教廷的教导下，绞刑吏要向即将处死的罪犯请求赦免，就好像他们在犯罪一样。[11]

181 因为掌权者是上帝设立的，基督徒应当顺服他。但基督徒生活并不与属世的政治领域分离；加入教会并不意味着要全盘拒绝社会。然而，基督教的确有所不同，因为基督徒对国家的顺服并非毫无限制，而是在掌权者之俗世国度的权力范畴内对其顺服。所以，有些人宣称路德对俗世权力的观点没有留下任何反抗的余地，这是过分简化的看法。在《论俗世的权力》中，路德提供了一个有趣的例子，值得我们深思：

---

⑧ *LW*，45：85 – 86.

⑨ *LW*，45：86.

⑩ *LW*，45：90 – 92.

⑪ *LW*，54：179 – 180.

> 所以，如果你们的君主命令你们跟从教皇，信这信那，或命令你们抛弃某些书籍，你们就应该说："魔王坐在上帝的旁边是不适当的。亲爱的阁下，我的生命和财产都服从你，你在属世权力范围以内吩咐我，我愿意服从。但是如果你命令我必须相信什么，或抛弃书籍，我是不愿意服从的；因为这么一来，你就成了暴君，而且是僭越本分，吩咐你权利和权柄以外的事了。"如此等等。假如他因此剥夺你们的财产，刑罚这样的不服从，你们就有福了。感谢上帝，你们配为圣道受苦。让他狂吠，他本来是个愚人。他要遇到那审判他的，因为我告诉你们，如果你们不抵制他，让他夺去你们的信仰或书籍，你们就真是违背了上帝。⑫

显然，路德在这里说明，如果俗世掌权者的命令超出了他所拥有的权力范畴，那么基督徒可以拒绝遵行这命令。俗世掌权者无权要求人们跟随教皇，扔掉路德宗的书籍，或者必须相信什么。这些事属于上帝的道和属灵国度，俗世掌权者对此无权管辖。

不过，重要的是，路德并不认为俗世掌权者僭越权力界限会破坏其本身的合法性。假如基督徒拒绝遵从掌权者越权的命令，他反过来剥夺了他们的财产，甚至比路德所说的更进一步，剥夺生命，基 182

⑫ *LW*，45：111－112．1530年，当皇帝拒绝签署《奥格斯堡信条》时，路德对于反抗的观点的确发生了一点变化，他认同次级的掌权者（选帝侯们）可以反抗皇帝，因为皇帝的权力最终是源自于他们。

督徒要做的是欢喜并接纳，而不是反叛。我们可以说，这样的基督徒才真的是十架神学家，在地上的苦难中他经历了上帝在他生命中做工的记号，这也标志着那最终将要来的祝福。⑬

基督徒与呼召

既然俗世掌权者是上帝所定，因而是合法的，那么他所统辖的领域也有其本身的合法性与完整性。我们前面注意到，路德提到皮匠、铁匠和农民都按照各自的工作造福社会。这就联系到路德对呼召的看法，这是他理解社会的重要概念之一。

他对此问题的思考详细记录在 1526 年的《士兵也可以得救吗？》(*Whether Soldiers, Too, Can Be Saved*)这部作品中。这部作品的写作背景是 1525 年 6 月，路德与一位名叫阿萨·冯·克拉姆(Assa von Kram)的士兵之间的对话。克拉姆越来越担心如何调和他的信仰与属世的呼召。路德最后写了这部作品来挽救这位士兵脆弱的良心。路德的结论是，服兵役对基督徒来说确实是合法的呼召，因为这属于俗世掌权者所佩的剑，目的是保护无辜者，惩罚恶人。

⑬ 我在讲到路德时，许多学生问我这样的问题："如果一名医生被要求执行堕胎手术，路德对此会怎么说？"我的回答是，他会告诉这位医生不应该执行堕胎手术，医院的领导层无权命令他杀害一名无辜者(即婴儿)，相反，医院有责任保护这样的人。但是，接下来很可能医院会行使权力解雇这名医生，因为他违抗命令。这名医生应该在他为义受苦中欢喜，而不应起诉医院。就算是邪恶的统治者也是上帝安排的，也拥有上帝所赐的权柄，即便他选择滥用这权柄。

然而，得出此结论的基础是路德提出的一些更普遍性的概念区分。首先，他区分职业与从事职业的人。他说，有可能一个恶人从事一份合法的职业，但他会以非常邪恶的方式去做。所以，举例来说，法官是很好的职业，但让一个腐败的人去做，他就会利用职位作恶。同样的原则也适用于当兵。⑭

第二，路德也提到他经典的区分，就是内在之义与外在之义的区分，或者在这个语境下我们可以说，是属灵之义与公民之义（civic righteousness，或译“属世之义”）。他所处理的具体问题是战场上的杀戮：在战场上杀人是否符合基督徒对义的要求？路德的回答是，如果这是掌权者在履行义务，即保护无辜者并惩罚作恶的人，那么在战场上杀敌就符合基督徒对义的要求。⑮

在这个具体应用背后的普遍原则就是，所有属世的呼召，只要是为社会福祉作出贡献的都是合法的。这非常重要。如果我们读路德对罗马神职人员的抨击，他说只有圣道才使呼召成为属灵的，我们可能会推想在俗世领域里什么都可以做，人们可以做妓女，也可以做职业杀手，只要他用信心领受道就好了。但事实上，这两个是不合法的呼召，因为它们不符合这个普遍原则，即以爱邻舍的心来增进社会福祉。

不是所有的呼召都是合法的，因为有些呼召无益于社会。对于

⑭ *LW*，46：94－95.
⑮ *LW*，46：95.

那些合法的呼召，当基督徒用信心去做的时候，其呼召就是属灵的。不敬虔的士兵在战场上杀死叛敌，他所做的从外在来看是义的，尽管他内在不义，他是以不义的方式来做。而基督徒士兵做外在看来同样义的事，但他真的以义的方式去做，因为他靠信心生活，他做的所有的事都是以爱上帝和爱邻舍的心为了荣耀上帝而做。

对于整个西方文化，尤其对基督徒生活的理解与实践方法，这一点的重要性不容忽视。以荷兰历史上黄金时代的绘画作品为例，扬·弗美尔(Jan Vermeer)或许可能是天主教徒，但是只有一个具有新教感受力的人才可能画一个如此世俗的倒牛奶女仆的形象，而画面却充满神圣感。只有这种思维能够将尊严注入到最卑微的人类活动中。只要在信心里，以爱心为动力，为了上帝的荣耀而做的事，即便是搬运牛奶桶也是优美而属灵的。

此外，我们可以说，这对基督徒世界观的建构也提供了很有意思的视角。这是不是一种认识论？一种讨论艺术或政治的独特方法？它是否可以用一系列政策建议或在某些事情上的具体信念来表述？路德认为，基督教世界观不是指“改变文化”或专门发展基督
184 教哲学或科技。基督教世界观指的是在信心里，以爱上帝和爱邻舍的心，为上帝的荣耀而投身于合法的属世呼召。[16]

---

⑯ 我很难想象，路德会把任何否定基督整体临在圣餐饼和杯的世界观视为“基督教”的世界观。反过来，这指出当代对基督教世界观的讨论里存在的另一个问题：他们倾向于假设基督教是一种单一而非多元的现象，继而在这个最小化的基督教定义上来进行讨论。这不是我们在此要讨论的主题。在这里，我们只要知道，路德无法容忍这种观点。

婚　　姻

基督徒的俗世生活当然不只是他与掌权者之间的关系和他在世界上从事的工作。家庭同样重要。

路德认为婚姻的存在先于人类的堕落，因此婚姻是创造本身美好结构的一部分。在《〈创世记〉讲义》中，路德提出，创造女人是人类繁衍所必需的。因此，他认为，《创世记》2：18 所说"不好"不是指亚当没有伴侣的孤单感受，而是指人类繁衍和社会普遍的公共利益无法实现。[17] 因此，他严厉斥责当时社会中流行的现象，特别是贵族中，人们不愿意生育孩子。他们既然无嗣，对此行为合宜的报应就是他们的家族将会没落。[18]

他认为，人类的堕落使得对妇女的需求更加凸显：女人非常重要，她们能持家，能陪伴男人，男女可以彼此照顾，彼此满足合理的性需求。女人照料家庭这一点对路德的婚姻生活似乎非常重要，人们甚至怀疑，路德解释《创世记》2 章时也许更多地受到他个人经验的影响。他在《桌边谈话录》里提到，凯蒂出色的家庭管理使得他自己能够专心于教牧事工。[19]

路德的确相信，性起初被造是为了繁衍——幸福快乐的繁衍——然而堕落导致人们对性的需求和渴望扩大了。他认为动物

⑰ *LW*，1：115－116.

⑱ *LW*，1：118.

⑲ *LW*，54：23. 在其他地方，他也提到凯蒂负责基本的家庭财政（*LW*，54：153）。

只需一年交配一次，完全是为了繁衍；人类在性上失去控制正体现
185 出罪造成的后果。[20] 此外，已婚夫妻需要私密空间，这表明如今的性行为具有羞耻性，因为被罪和私欲玷污了。但在堕落之前，夫妻之间的性行为是最美好、最荣耀上帝的事。[21] 此外，路德认为，夫妻同居一处，共同照料家庭，共同养育孩子，这正反映出堕落前伊甸园里生活的本来面貌。[22] 换句话说，对路德而言，家庭是人类社会最基本的单元。人类社会需要掌权者是堕落造成的结果；但家庭是上帝对全人类本来的心意，在罪进入世界之先就如此。

作为一名修士和神父，路德不认为婚姻对他来说是一个选择。后来，在宗教改革运动里，他开始把婚姻放在尊荣的位置，并将其视为上帝国度发展的记号。[23] 然而，当宗教改革运动稳定下来，神职人员单身的规定终止的时候，路德已经步入中年，过惯了单身的生活。不过，他与凯蒂始料未及的婚姻最终证明是可喜的、幸福的、多产的。今天，如果你去维滕堡参观奥古斯丁修道院（这是选帝侯在路德婚礼当天送给他的结婚礼物），你会看到在两旁各嵌入一小凳子的门框。这个门框是凯蒂送给丈夫的礼物，她当时觉得他们不会有很多时间彼此交谈。因此，当繁忙的一天结束之后，马丁与凯蒂就会坐在门框两侧彼此对谈。在屋内的楼上，有一扇窗户框上也有这

---

[20] *LW*, 1：116. 不过，路德认为婚姻可以满足自然的性欲望（*LW*, 54：25）。

[21] *LW*, 1：117－118.

[22] *LW*, 1：133.

[23] *LW*, 54：177.

样的两个小凳子，大概是当萨克森天气变得湿冷时，约会可以改在室内进行。这个小细节很生动地体现出婚姻给这位改教家的生活带来多少爱与幸福。

早在婚姻对于路德来说甚至不具备理论可能性时，路德就一直把爱放在婚姻的核心位置。在他结婚前，甚至还持独身观的时候，他曾在1519年的一篇讲道《论婚姻》(*On the Estate of Marriage*)里提到，婚姻是上帝所赐的，给男人一个特殊的配偶以陪伴和繁衍。这是人类独有的制度，在动物界无法找到同等的意义。虽然如今被罪破坏了，导致奸淫和情欲，但它依旧继续存在，为人提供幸福的情谊和孩子。㉔ 186

在这篇讲道里，路德提到三种不同的爱：虚假之爱(false love)、自然之爱(natural love)和婚姻之爱(married love)。虚假之爱是追逐私欲，例如犯奸淫、偷盗和残酷的世俗野心。这就是路德所说的人类的困境：人类的本性转过来对付自己。自然之爱是家人与朋友之间的爱。㉕ 而婚姻之爱则与这些不同。在一段优美的文字里，路德这样描述婚姻之爱，这对于一个没有经历婚姻的独身修士来说很出人意料：

> 然而，在这些爱中最高的是婚姻之爱，那就是新娘的

㉔ *LW*, 44: 7-8.
㉕ *LW*, 44: 8-9.

> 爱，就像火焰一样灼热，除了她的丈夫，别无所愿。她说："我想要的是你，而不是你拥有的东西：我既不要你的银，也不要你的金；这两样我都不要。我只要你。我要你的全部，若不然，我什么都不要。"其他所有的爱都会寻求所爱之人以外的其他东西：而这种爱只要所爱之人本身。[26]

当然，路德自己的婚姻也是幸福的，每天的生活都充满了情感与身体的爱。

尽管路德讲道论及婚姻的时候，自己还是单身，但进入婚姻生活以后，他经历了夫妻之爱，这看起来应该是最幸福的发现，从他生养六个孩子就可以证明这一点。[27] 路德认为性是非常美好的。他在1525年年末写给新婚的乔治·斯帕拉丁的信中提到，他故意计算了斯帕拉丁夫妻俩收到这封信的时间，这样他与凯蒂可以与这对新婚夫妇在同一时间行房事。也许是我太敏感，但是如果我是斯帕拉
187 丁，或者更贴切点，如果我是斯帕拉丁太太或路德太太，我肯定会觉得这种想法太令人反感。不过，这的确有力地说明路德很享受夫妻

㉖ *LW*, 44: 9.

㉗ 路德结婚圆房时有见证人，这对于今天的时代来说似乎很奇怪。但是我们需要知道，这在当时是贵族阶层的标准做法，为了证明新人的贞洁，在近代许多平民社会也不罕见。对路德而言，见证人的存在也许更加有意义：作为欧洲大陆最声名狼藉的异端分子，打破曾经庄重许下的独身誓言的人，路德需要一位见证人在场来确认当时没有发生什么超自然或邪恶的事。我们今天很难想象路德结婚这件事会引起多少争议，但是，因为神职人员独身在当时是公认的真理，加之罗马天主教宣传说宗教改革其实是因对性的贪求而发起的，这两样加起来使这桩婚事成为极富争议的事件。

生活，尽管关于性的神学词汇大部分都是负面地说性是情欲的发泄途径。

考虑到结婚时路德已经是一名中年单身汉，他需要在生活上做出许多调整来面对婚姻。其实，在一次桌边谈话中他诙谐地描述了这种改变：

> 在结婚头一年，男人有许多奇怪的想法。当他坐在桌边时就想，“之前我是独自一人，现在是两个人。”或者当他一觉醒来还躺在床上时，他看到一对小辫子躺在他旁边，这是他以前从来没见过的。另一方面，不论丈夫多忙，妻子都能为她的丈夫带来各种琐碎小事。所以我的凯蒂一开始经常在我刻苦研习的时候，坐在我旁边，转着圈地问，“博士，骑士团团长是侯爵的兄弟吗？”㉘

路德这种幽默也表明二人的感情很好。路德十分珍爱他的妻子。《桌边谈话录》里到处提到凯蒂的名字，他的个人信件里也是如此。他常常会在信的结尾加上一句“我的凯蒂阁下问安”，或者称她是自己的“肋骨”。他也喜欢把妻子的名字“凯瑟琳”(Katherine)与一个谐音的拉丁词 *catena* 联系起来，这个词的意思是“枷锁”。二人有许多共同爱好，其中之一就是他们都很爱喝德国啤酒。事实上，

㉘ *LW*, 54: 191.

在路德写给他妻子的最后一封信里，他赞扬了瑙姆堡(Naumburg)产的一款特制啤酒，说这酒让他“三个小时排了三次便”，和今天相比，这或许也体现出当时的妻子和情书更质朴、更缺少柔情。[29] 不过，虽然路德认为婚姻是人类爱的深刻表达，但是他也提醒人们，魔鬼一直伺机破坏它，当恨在夫妻之间产生时，破坏的威力是最巨大的。[30]

路德是在农民战争最惨烈时结的婚，很可能在接下来的两年里，凯蒂的存在对他保持心理健康起到很关键的作用。路德对叛乱的残酷回应，以及他号召屠杀农民，使得他在德意志的名誉和地位空前跌落。他本来就容易陷入抑郁，受到魔鬼的攻击，陷入
188 *Anfechtungen*，因此，神志清醒稳定的凯蒂在他身边，对他是很重要的帮助。在之后的日子里，每当路德由于讲道或政务出差在外，他总是经常与她保持通信。正因为他们关系如此亲密，每次分别路德都会深深感受到她的缺席。当他被扣押在科堡，等候皇帝在奥格斯堡对梅兰希顿起草的信仰告白做出回应时，他抓住机会托过路的信使给凯蒂寄了一封简短的信。[31] 路德的其他信件中还包含对他们孩子出生的喜悦之情。不过，就算没什么特殊的事情，他也总是提到凯蒂。他对她的爱显而易见，就像《桌边谈话录》里的这段话所体

㉙ *LW*，50：291. 在他与凯蒂的通信中，啤酒也出现在其他地方：例如 *LW*，50：81。她本人似乎也是个优秀的酿酒师，这无疑使她成为路德宗牧师妻子的原型典范(*LW*，50：94)。

㉚ *LW*，54：25.

㉛ *LW*，49：399.

现的：

> 就算以法国或威尼斯交换，我也不会放弃我的凯蒂——因为，首先，上帝把她赐给我，也把我赐给她；第二，因为与我的凯蒂相比，我总能看到其他女人有更多的缺点（尽管她也同样有一些缺点，不过她的众多美德超过了这些缺点）；第三，因为她一直对我们的婚姻忠心，也就是她的忠贞与尊重。妻子应当这样对待她的丈夫。[32]

在《桌边谈话录》的其他地方，路德把《加拉太书》比作他的“凯蒂·冯·博拉”。[33] 许多妻子或许不觉得这是多么浪漫的比喻，但路德没有给任何人更高的称赞。假如他把凯蒂比作《雅各书》，那我们就该好好想想了。

证据确凿，凯蒂已经从这位维滕堡最著名的神学大师身上得到最佳赞誉了。另一次桌边谈话记录了这么一次对话：

> [路德说：]“将来一个男人会娶不止一个妻子。”
> 博士的妻子回应道：“鬼才信！”
> 博士道：“凯蒂，原因是一个女人一年只能生一个孩

---

[32] *LW*，54：7－8.
[33] *LW*，54：20－21.

子，但是她的丈夫可以播种很多个。”

凯蒂回应道：“保罗说每个男人当各有自己的妻子。”［林前 7：2］

对此，博士回应道：“没错，保罗写的是‘自己的妻子’，而不是‘只有一个妻子’。”

189 博士继续调侃一阵，最终他妻子说：“这我忍受不了；我宁愿回修道院去，把你和孩子都扔下。”㉞

像每个浮夸、固执却又才华横溢的人一样，路德是一个很难相处的人，但是凯蒂似乎足堪此任。㉟ 当然，这女人总是抱怨老卢卡斯·克拉纳赫(Lucas Cranach the Elder)为她画的肖像没能捕捉到她真正的美，可见她是个主见很强、不容小觑的女人。

路德的家总是向学生或友人开放，因此他和凯蒂自然成为维滕堡牧师家庭的典范。我们不应忽视这一点的重要性。在教牧书信里，使徒保罗把家庭管理作为选拔教会监督的重要资格审核项目(提前 3：4—5；多 1：6)。虽然这并不是说做监督必须结婚，但这指出监督需要体现的领导力。路德和凯蒂为那些即将进入教牧事工的学生们展现了一幅美满、幸福的写实画面，告诉他们牧师的家庭

㉞ *LW*，54：153.

㉟ 有一次，路德跟一帮朋友提到他遇到了激进派神学家卡斯帕·施文克菲尔德(Caspar Schwenckfeld)，他说他祈祷施文克菲尔德变成个哑巴。凯蒂毫不犹豫地指责他粗俗。像许多牧师太太一样，他的妻子很显然是帮助他调节语言和态度的中和剂(*LW*，54：470)。

应该是这样的。

孩　子

路德很喜爱孩子。甚至，我们可以说他自己就保留了一点童真，这可以从他的幽默感体现出来。当然，他认为当提到信心的时候，童真是基督徒极其宝贵、重要的特质。他说自己一直无法完全拥有学习要理问答时那种纯粹的信心。他说在对于教导的需求上，自己就像个小孩子，而且每天在与孩子一同祷告时，他也在和孩子一同学习这种信心。[36] 这是他在《大要理问答》的序言里所说的："虽然日日勤学要理问答，但是，我仍不敢自称融会贯通，仍需像孩子一般做要理问答的学生，而且是甘心乐意地这样做。"[37]

这与路德的救恩论是一致的，救恩需要的是在上帝面前信靠的态度与虔诚的谦卑——就像小孩子理当如此对父母一样——以及透过十字架折射的神学，这神学与世人对权柄和知识的理解截然相反。人根本无法支配神学，而是神学支配人。路德甚至用他自己的儿子小马丁吮吸母乳来举例，说明基督徒在面临世界的逼迫时所应有的愉悦信心。[38] 孩子就是那种简单、倚靠的信心的例子，这也是路德对孩子如此着迷的原因。[39] 190

㊱ "虽然我是个伟大的博士，我还没超越儿童所学的十诫、信经和主祷文。我依旧每天和我的汉斯和小莱纳一起学习、祷告。"(*LW*, 54: 9)

㊲ *BC*, 359.

㊳ *LW*, 54: 159.

㊴ *LW*, 54: 335,428.

关于抚养孩子，路德有许多建议。生育是一件极其光荣的事，这要在一个充满爱的家庭环境中来理解。实际上，路德甚至批评使徒保罗在《提摩太前书》2：14—15 里使用没有人情味的词“女人”，而没有用具有家庭含义的词“母亲”。[40] 孩子是家庭的一部分，而建立家庭的根基是夫妻之间的爱。因此，生育孩子的背景就是家庭的爱。[41] 论及管教孩子，即便是在路德所生活的野蛮时代，也要以爱来约束：路德认为父母绝不可过于严厉地鞭打他们的孩子，否则孩子会积怨成仇。对我们来说鞭打似乎有些太冷酷无情了，不过我们应该欣赏他这段话所体现的温和情感。[42]

在属灵方面，路德大概每天都和孩子们一起灵修，我们可以猜到，他专注的是基督教要理的基本元素：十诫、信经和主祷文。路德不认为这项训练有什么等级之别，好像他身为一个成人在教导孩子，而是和孩子一起学习，因为他和孩子们一样，同样需要理解自己在祷告什么。[43] 其实，家庭内的属灵教育和属灵健康是非常重要的，路德说，如果皇帝试图禁止或阻止家庭教育，基督徒有绝对的责任拒绝他。考虑到路德对俗世掌权者的尊重，这更说明他对此问题的重视程度。[44]

16 世纪的家庭生活另一个值得注意的方面是婴儿的死亡率，这

---

[40] *LW*, 54：223
[41] *LW*, 54：432,463.
[42] *LW*, 54：157.
[43] *LW*, 54：9.
[44] *LW*, 54：279.

在今天较为少见。婚姻是很有趣的现象：两个人彼此委身，共度一生，直至死亡将他们分开；然而很少有人真的懂得这也意味着二人要共同经历生活的创伤。

路德对待死亡的态度似乎比较模糊不清。作为基督徒，他明白死亡是为苦难和挫折的一生画上句号。因此，他曾经表示他不希望妻子和孩子比他活的时间更长，因为黑暗危险的时代正在逼近。㊺然而，死亡的确残忍、痛苦，尤其是对死者的亲人来说，路德本人有切身体会。路德的婚姻的确美满幸福、充满欢声笑语；然而他也经历了可怕的黑暗和痛苦，他的两个女儿伊丽莎白和玛德琳娜先后夭折。

伊丽莎白死于1528年8月3日，当时还不到一周岁。路德在一次桌边谈话里略微提及这件事："没有什么联合比美满的婚姻更甜蜜，也没有什么死亡比拆开一对夫妻更痛苦。只有孩子的死与此相近；这种伤害我自己经历了。"㊻然而，更加悲惨的是，这并不是他最后一次经历丧失亲生骨肉的痛苦。1542年，他又失去了爱女玛德琳娜。路德在一系列的桌边谈话里描绘了这对他的打击有多大。当凯蒂意识到这个孩子的病重程度时，她开始止不住哭泣，路德提醒她说孩子有单纯的信心，没有恐惧，对孩子来说死亡就像入睡一样。㊼《桌边谈话录》还记录了路德与即将死去的女儿之间的谈话：

㊺ *LW*，54：319.
㊻ *LW*，54：33.
㊼ *LW*，54：428－429.

当他女儿的病情加重时，他说："我非常爱她。但若这是你的旨意，要带走她，亲爱的上帝，我很高兴她与你同在。"

随后，他对躺在床上的女儿说："亲爱的玛德琳娜，我可爱的女儿，你乐意与我，你的父亲，在一起。那你是否也乐意去你在天上的父那里？"

病重的女孩回应道："是的，亲爱的父亲，愿上帝的旨意成就。"

父亲说道："你真是个可亲、可爱的女孩！"[他转身离开她说：]"心灵固然愿意，肉体却软弱[太 26：41]。我非常爱她。如果这肉体如此刚强，心灵应当怎样呢？"除了别的事之外，他又说："过去这一千年，上帝没有给任何主教如此大的恩赐，如同他今天赐给我的一样（人应当为上帝的恩赐夸口）。我对自己生气，因为尽管我有时唱一小首
192 诗赞美上帝，但我无法从心底欢喜感谢他。或生或死，我们都是主的[罗 14：8]——这是属格单数（genitive singular），而不是主格复数（nominative plural）。"[48]

我们在此看到一位父亲面临孩子死亡时所经历的真实的极度

---

[48] *LW*, 54：430-431.（最后一句意即我们是属于主的，而不是我们是主。我们无法主宰这一切事。——译者注）

悲痛。尽管他的神学告诉他，他的孩子要去一个更美好的地方，但他受造的肉身却感受到死亡冷酷的入侵，无情地把所爱的人从身边带走。这痛苦会继续，他女儿死在他的怀里，他在哭泣、祷告，而凯蒂瘫坐在屋子里，悲伤使她没有力气。[49] 后来还发生了棺材太小，无法装下她的身体这样的事情。最后，在葬礼上，会众一起歌唱《诗篇》79：8，这首诗提醒人们，尽管在哀恸之中，路德对上帝和救恩的正确理解，对他来说是莫大的安慰。[50]

㊾ *LW*，54：431－432.

㊿ *LW*，54：432－433.

总结思考

路德对基督徒生活的理解中最吸引人的地方之一就是，基督徒生活如何与真实的世界相连接。没错，他强调称义，每个基督徒都需要靠着恩典、借着信心披戴主耶稣基督的义。但他描述的人类生存也符合在这个世界上的生活现实。如何在公共社会中做一名基督徒——如何在日常俗世的呼召中荣耀上帝，把平常的生活变成属灵之事——这是基督徒长久探讨的问题。就像一个人被称义并不是靠他本身内在固有的义，一个人的属世呼召具有属灵意义也不是因为这呼召本身固有的价值。这是强而有力的教牧性的教导。在16世纪，这教导颠覆了整个世界，在今天，这教导的力量也对我们如何看待基督徒生活带来了革命性的改变。

对路德而言，基督徒生活不只发生在教堂里面，或者发生在我们给邻舍传福音的时候，而是生命的全部。这生命借着信心被圣化，使我们为了上帝的荣耀和服侍上帝而生活。这也不是现今流行的基督教世界观，构想出神秘、巧妙的基督教专用方法来处理各样
193 事情。这是一种扎根信心、面对世界的态度。

此外，我认为路德对教会与世界的观点，就像在他之前的奥古斯丁一样，对今天的西方教会来说越发具有实践意义。在欧洲，基督教失去大部分公共领域的主导权已经有近百年的时间。从各个方面讲，同样的现象正在美国出现。2008 年的大选表明保守派基督

教在政治领域的影响已经微弱到何等程度。宗教权利的声音似乎并没有留下什么痕迹。在世俗主义的浪潮——如果**世俗主义**是一个不准确的术语——或非基督教的浪潮上升之前，教会已经从文化中撤退。而在这个背景下，路德对教会与政治领域关系问题上适中的观点必然是未来的方向。教会拥有的是圣道和圣礼；教会应当把俗世的佩剑，与其相随的权力手段和结构，交给上帝设立的俗世掌权机构。

当我们讨论家庭这个重要的教会之外的机构时，我认为马丁与凯蒂为我们呈现出牧师婚姻生活的优美图画，这也是所有基督徒夫妻应该向往的婚姻。保罗把管理好自己的家庭作为教牧人员的必备资格条件，这是非常重要的一点。此外，路德把夫妻之间的关系比作基督与教会之间的关系，他指出婚姻在教育和典范方面的重要性远超过其他任何属世的机构。已婚的牧师肩上有非常重大的责任——他在家庭关系中，不仅要在家庭秩序上为羊群做出榜样，他也要体现出基督如何爱教会，尽管是以不完美的方式。

或许最感人的是路德私人的忧伤在公共领域展现出来的方式。对一个像他这样的人来说，私人空间是不可能真正存在的。他所做的每件事都产生极大的公共影响。想象一下，如果他第一个孩子生下来是死胎，宗教改革运动的命运会何去何从？在当时的时代，这种事象征着上帝的审判，有着极其深刻的影响。因此，不仅路德结婚甚至新婚洞房夜是一件牵动公众的事，就连他孩子的死这种个人悲痛之事也是如此。在小玛德琳娜临终前的记录里，我们看到一个 194

男人的心碎，尽管他相信他的女儿离开去往一个更美的地方，但他也知道死亡是对这个世界的野蛮入侵，死亡是痛苦的、毁灭性的。家庭生活中的路德与公共事务里的路德同样伟大，却又多了一份人情味。在这个世界里，牧师们都应盼望自己成为这样的牧者，信徒们也都应渴望有这样一位牧师来牧养他们。

1546 年，路德死于艾斯莱本，当时他正因教会事务出差在此。这也恰好是他出生的地方。他死去的时候离家在外，没有在他亲爱的妻子的怀抱。在他去世的前一天，他在一张小纸上写下了临终前最后的一些笔记。其中，他说无人能够懂得维吉尔充满乡土田园气息的诗《农事诗》(*Georgics*)和《牧歌》(*Bucolics*)，除非他做过四五年的牧羊人；无人能读懂西塞罗，除非他参与公共生活二十年；无人能理解圣经，除非他治理教会一百年。最终他以一句简短的话结束，这句话一半是德文，一半是拉丁文，他这么写道："我们都是乞丐，诚然如此。"[51]当他临近自己的基督徒一生的终点时，就像托马斯·阿奎那一样，对永恒的盼望把他所成就的一切、所知道的一切都放进一束温和、谦卑的光中。在这幅广阔的永恒画布上，在上帝的面前，在上帝于基督里与他建立的满有恩典的关系中，路德就是一个孩子，只触碰了上帝怜悯的汪洋里表面的一滴水。也许，这正是他所希望的。

我们都是乞丐，诚然如此。

---

[51] *LW*, 54: 478.

结语 悲喜人生 195

我们都是乞丐，诚然如此。

——马丁·路德

二十多年前，我接受一所大学的第一次终身教授教职面试。其中一位面试官问我：“如果你被困在一座荒岛上，你想和谁困在一起——路德还是加尔文？”面对这个奇怪的问题，我的回答比较微妙：“好吧，我认为加尔文会提供最好的神学和释经学讨论，但他总是让我觉得有点尖酸刺耳、苍白无趣。尽管路德作为神学家没有那么谨慎，但他显然极具人情味，并且热爱生活。因此，我选择路德。”当天晚些时候，我被告知得到了中世纪与宗教改革神学讲师的职位。

我也不知道到底我的答案在面试小组的决定中是否发挥了关键作用。但是从那时起，我便开始一直向大西洋两岸的几代学生教导路德的神学。因此，把这个故事放在结语里应该再合适不过了。写这本书的过程虽然不像真与这位来自维滕堡的男人同困荒岛那样悲惨，但却有相似之处。作为长老会信徒，我实在没有什么朋友 196
能够分享我对路德神学的热爱；我也第一次意识到，他的神学写作可以既富有启发性和有趣，同时又惹人发怒。

我花了我的整个职业生涯阅读并教授路德，我认为在这本书结尾时，我应当分享一些写作此书的过程中，令我自己感到惊讶或印象深刻，并且对今天的教会有启发意义的地方。

第一，路德对上帝启示的优先性与客观性的着重强调。当一个人集中阅读路德的作品时，他一定会深刻感触到路德处处体现出在道中行动的上帝的优先权和令人敬畏的力量。道是强大的，具有创造性、破坏性和再创造性。人类的回应在圣道超越一切的戏剧性和强大的优先权面前简直什么也算不上。无论是当上帝用话语从无到有创造广袤无垠的宇宙，或是上个主日无数讲台上传讲的道，上帝的客观力量一直是路德神学的核心，也是他对现实生活理解的中心。只有掌握了这一点，他的许多想法才开始产生意义。上帝行动的客观性在各各他的十字架上进入到戏剧性的高潮部分。在那披戴肉身、死在木头上的上帝身上，我们不仅看见上帝对堕落人类的恩典在其荣耀中显明，而且每一个人对上帝的理解和陈述都被审判并完全改变。刚强成为软弱，软弱变成刚强。上帝的爱，我们本来假想是回应性的，却显明是创造性的。救恩显明不是上帝与基督徒合作的工作，而是上帝自己的主权行为。

上帝的这种客观性巩固了基督徒生活的基本要素：阅读并宣讲圣经，以及领受圣礼。事实上，根据上帝在道、水、饼和杯之内、之旁、之下把自己赐下的途径，路德很谨慎地构建了他对教会和教会权力的理解。教会的主日敬拜不是罪人对上帝的先在恩典的回应；这敬拜本身就是恩典在行动的实例。教会是上帝恩典的产物；基督徒是上帝恩典的产物;信徒生活的记号就是上帝恩典的管道。

对当代基督徒们来说,这是很值得高兴、很鼓舞人心的。今天的时代,人们对牧师角色的定位出奇地混乱,而路德则为我们提供了一个清晰的视角。如果上帝是居首位的,如果上帝决定他如何在恩典中把自己赐给他的百姓,那么牧师就应当看上帝在他的启示中如何显明他自己,才能知道自己的任务是什么。这任务很简单——尊上帝为主,并因此宣告圣道和执行圣礼,这么做的时候,上帝会亲自透过主耶稣基督来恩待那些以信心抓住上帝的人。因此,牧师不需要担心许多其他事情。毕竟,这圣道强大的原因并不是讲道人本身有多属灵敬虔;虽然口齿清晰也是重要的,但是讲道的真正效果不是来自传道人的口才,而是来自真正向人说话的上帝。当讲道人主领圣餐时,他并不只是简单地走过场:他在向上帝的百姓提供基督——在肉体中显现的上帝,因此他应该相信人们借着信心将会受益。 197

在今天这个日渐迷恋个性化的时代,人们相信每个人都有独特的问题和危机——我们可以说每个人都有特别的 *Anfechtungen*——而路德的上帝则太普通。人类都面临同一个困境——他们想靠自己的义在上帝面前站立得住;人类都需要同一个解决方案——在肉身显现的上帝,在圣道和圣礼中被赐下,借着谦卑、悔改、倚靠、童真般的信心就能领受。圣道和圣礼以简单、优美、强大的方式定义了牧师的职责与任务。

如果牧师的职分从上帝的客观性而获得清晰的定义,那么基督徒生活也是如此。沮丧？逃到基督那里。绝望？逃到基督那里。与罪挣扎？逃到基督那里。对路德而言，*Anfechtungen* 的答案不是内省，而是再次向外看恩典。由此基督徒能得释放。正如上面提到的，我们所生活的时代，每个人都被灌输一种思想，认为自己是独一无二的。这种思想的问题在于，我们所面临的每一种景况都过于独一无二，只有通过处理个人问题、个体环境或个人经历等才能解决。这不是路德眼里的世界。是的，对于那些在人际关系中挣扎的人，路德也许会像一些弗洛伊德派心理学家一样告诉他们，回到童年来寻找答案，但这不是尝试揭开那些已经被遗忘的创伤，而是重寻进入教会那一刻的意义：洗礼，在那里，基督第一次被呈现给他。
198 而这会带领他来到应许面前，就是那在洗礼中、在圣经中、在教会有规律的读经讲道中所蕴含的应许。

因此，作为一名牧师，也作为一名基督徒，当我重新阅读路德的时候，他那对上帝在基督里的客观行动，以及在圣道与圣礼里所赐的客观事实的巨大信心深深地震撼了我。不过，路德没有用十字架上的基督吞没整个历史。这个人对羊群的关心，无论是他写给理发师彼得那亲切而有益的文章，还是他给黑塞伯爵的错误婚姻辅导，都给我留下了深刻的印象。后者是一场公共关系灾难，从根本上是错误的；但同时也证明这个人的确关心人们在具体情况下如何思考与行动。

更令我印象深刻的是，他描述了生活中的挣扎——喜悦、悲伤、疾病、婚姻、痛苦和死亡。路德看见上帝的手在生活的点滴之中，尽管他是在上帝伟大的客观行动的背景下理解这些事，但他也给予它们应有的重视。虽然死亡是通往复活的大门，但他知道死亡是痛苦的、令人心碎的。他孩子的葬礼绝不是什么“生命的庆典”，这是当今光鲜夺目又充满绝望的时代发明的自欺的说法，因为人们不愿面对野心勃勃的人类永远无法控制的死亡。

这也导致我对路德的最后一点想法。路德这个人最引人注目的地方是他的幽默感，如果要写一本关于他如何理解基督徒生活的书，不可能不提到这一点。总的来说，当然，新教的神学家们并没有因他们的智慧而闻名，新教的神学也并非以引人发笑而著称。然而，路德一直在笑，无论是笑自己、凯蒂、他的同事们，还是笑他那日益加增的无数敌人。幽默感使他显得如此有人情味、平易近人。在这个世界里，每个人似乎总是被某些人所说的某些话“伤害”，或者被这个被那个冒犯，而路德对矫饰和自大的冷嘲热讽本身就是一种神奇的神学贡献。

当然，幽默感有许多不同的作用。它是一种生存机制。嘲笑危险、取笑悲剧是应付艰难困境的方法。毫无疑问，这大大发挥了路德取笑人的爱好。不过，我认为路德的笑声背后也有神学上的原因。幽默的笑点经常在荒谬之处，而路德知道，这个堕落的世界已经不如起初的设计一般，因此他以极其深刻、震撼的方式说明，这世界是荒谬的、徒劳的。

他知道人生是一场悲剧，充满喧哗与骚动，刻印着痛苦与失意。青春的活力最终必衰落到暮年的软弱，最后终于坟墓。我们相信自己是特殊的、超越一切的、独特的、不可替代的。然而，不论我们多么希望这些假设是真的，不论我们做多少事来欺哄自己去相信我们自己所宣称的，每个人最终在生活中学到的一个伟大的教训就是，自己并非如此。我们是堕落的、有限的、必死的凡人。我们不是上帝。然而，因为上帝正在并且已经行动，因为在道成肉身、圣道和圣礼中，他已经显明并赐下了他自己，所以他也指明了生命真正的意义，揭露了我们自命伟大的虚妄，证明那不过是危机四伏的哗众取宠，是荒谬的浮夸，浮夸的荒谬。

事实上，上帝是上帝，他已经在十字架的愚拙中显明了自己，而我们每个人心中想做荣耀神学家的倾向只是可笑的徒劳。我们甚至无法逃避自己的死亡，竟然想象上帝会像我们一样，竟然认为我们自己是一切事物的衡量标准，甚至认为我们可以测度那位驾驭风暴的可畏的上帝，那位仅用大有权能的话语就创造万有的上帝——而我们这群可怜、可悲、有罪的生物竟会如此傲慢癫狂，认为这是最大、最无知的笑话。路德知道，堕落人类的悲剧和喜剧就在于我们对自己有这么一种可笑的看法——人竟然想告诉上帝，他必须是什么样的上帝，必须做什么。因为人同时是义人和罪人，所以人类的存在既令人心碎又引人捧腹。路德多次引用《诗篇》2：4 论及这一点：人类的悲剧在于上帝嘲笑我们可笑地企图自主。

到这里，我要把路德留给你了。尽管这个世界，甚至基督教世界，仍然充满妄自尊大、自以为是的人，然而路德和他那激烈的神学以及他尖酸的幽默，不会与世界脱轨。他的许多作品都仍然令人耳目一新，充满桀骜不驯的风格，拆毁人们的自负和自信。这些作品在勉强和陈腐的虔诚中提供了一股清新的气息。他对上帝在基督里行动的客观性的强调帮助我们客观地看待一切事，将我们在基督 200 之外的生命真相暴露无遗，那生命是一出愚蠢的闹剧，在那向我们招手的坟墓的阴影里上演。

最重要的是，路德一直把我们指向那位真实的上帝，这位上帝不是寻索，而是创造他所喜爱的。没错，上帝的愚拙远超过我们最高的智慧。

201 后记

本书的作者卡尔·楚门帮了读者们一个大忙,他透过一个特殊的视角来呈现路德,而这个视角能帮助我们改变生命。如果把这本书看作是一本传记,他为读者提供了一些普遍而重要的主题内容。如果把这本书看作是研究,他则是把如同珠峰一般的一百二十余卷路德作品浓缩成这本页数不多的书。此外,他还必须参考上千部的作品,这些作品都是论述这位常被人们评价为过去一千年人类历史上最重要的五大人物之一的人。读者们可能立刻会被那些渊博文雅的传记作者罗列的数据弄得头晕眼花。

楚门接受这个关于基督徒生活的特殊系列丛书的任务,意味着他的选择必须是有关路德对基督徒生活的思考和表达。而这个任务的目的是为我们这一代读者的生活作出贡献。接受这个任务意味着抛弃许多诱人的主题,因为路德涵盖了太多的维度、事件和人类生存的主题。还值得一提的是,作者的选择也帮助他不必处理尴尬或令人沮丧的话题,例如,路德晚期臭名昭著的反犹太主义——确实,楚门提到了这个问题,有些痛苦但不失公允。

路德论基督徒生活?更容易处理的题目有很多,“路德论基督教教义”,或者“路德论基督徒讲道”等等。如果讨论的人物换作是约翰·卫斯理或圣方济各(Saint Francis)或其他长于谈论圣洁、成圣或伦理学的人，写作起来要容易许多，因为路德很少被人们视为擅长此道。当然，楚门在讨论路德主要著作的时候，都会诠释圣经，而他诠释圣经的时候，都会处理基督徒生活的动机和模式。 202

读完这本书之后，读者一定会发现楚门博士在处理晦涩、矛盾、缺乏系统的路德对基督徒生活的讨论时所具有的清晰性和系统性。我认为，楚门在处理基督徒生活的方法时，旗帜鲜明地坚持他有时称为长老会或改革宗或福音派，而且常常是不同派别结合在一起的立场，他做得很好。他在讲述这些观点时从来没有给人感觉突兀或冗长，而是顺带出来的，因为他不是在写有关长老会、改革宗或福音派教义的书，这可以很容易地通过查阅百科全书或其他作品来了解。他的目的不是公然地说："注意我们！我们比你们更好"，而是通过比较来强调他的论点，并使他的叙述更精彩、更清晰。

我们也许会问，从一个非路德宗的人的角度来看路德到底有什么潜在的益处？（这里不需要提醒读者，从路德宗的视角写路德的作品，虽然有其价值，但通常也可能错失或扭曲他们想要展现或论证的内容！）就以此书为例，益处在哪里呢？这种做法会帮助那些来自不同认信背景、宗派背景或个人立场的读者从他们已知的领域出发——就是他们自己已经理解的东西——来到面对未知的"其他地方"。当我们采取比较的方法时，就凸显出那些我们已经知道的以及很可能被视为理所当然的信仰元素，使它们在基督徒生活中更加轮廓鲜明。

举个例子：每当我面对穆斯林教徒和神学家，或与穆斯林朋友交谈，或在伊斯兰教学校里与人对话，看到穆斯林学生对基督教三位一体和道成肉身困惑不解的时候，我都更深入地认识到三位一体教义或道成肉身教义的重要作用。他们通常会问，为什么这两个话题对基督徒如此重要？我们信仰的根源和结果是什么？如果不是基督徒与穆斯林之间的对话，而是一种类型的基督徒与另一种类型的基督徒之间的对话，就如普世教会之间的对话，或在基督教伦理比较学课程上，那么各派信念之间的分歧可能看起来只是细微的差别，甚至不过是供伪善的好辩者曲解的主题。然而，在就基督徒生
203 活所做出的选择中，这些差异可能导致截然不同的结果。你刚刚读的这本书将对你的基督徒生活有所帮助。重读一本书颇有乐趣，所以再读一遍这本书，你会更加明白这一点。

因此，马丁·路德的追求推动着那些与本书真实描述有同感的人们去面对 *Anfechtung*——一种特别的怀疑。当他们读完这本书时，会更加预备好去面对自己的怀疑。那些只是偶尔使用圣经来指导自己日常生活的人也会更加紧跟圣经，这要归功于路德的探索。同样，在过去一个世纪里，罗马天主教对圣经的研究也常被认为是受到路德深化基督徒生活时使用圣经带来的影响。

在我家对面有一间很引人注目的长老会教会，我偶尔也会去那里参加敬拜。当我听到并一同分享赞美诗、祷文、道德训令以及福音的宣告时，我与其他非长老会信徒一样确信、一样欢庆，感觉有志同道合的伙伴，像在家里一样。当然许多时候，传道人会用特别的方式向会众解释某段特别的经文，特别强调长老会传统的解释如何

增添更多的色彩并为基督徒生活提供动力。

这种方法十分有益处，尤其是在今天的世界里，基督徒经常满足于那些与生活无关的平庸空洞的表达。例如，我们可以从门诺派的和平见证中有所借鉴，而不必成为门诺派信徒；或者我们可以通过圣公会的仪式和音乐更感受接近上帝，而不必跳上圣公会的船。正如读者刚刚读完的这本书所清楚表明的那样，对基督徒生活的追求不是挑选或选择的问题，也不是凝视变幻图像的万花筒，而是寻求视角和焦点的严肃问题。不论你来自什么背景，都将比以前更有条理地加入这种追求，并与我一起对作者卡尔·楚门表示感谢。

马丁·马蒂

索引

（索引中的页码为原书页码，即本书边码）

A

C

I

J

K

L

M

N

R

T

U

V

W

经文索引

图书在版编目(CIP)数据

路德的人生智慧/(美)卡尔·楚门(Carl R. Trueman)著;
王一译. —上海:上海三联书店,2024.4重印
ISBN 978-7-5426-6113-5

Ⅰ.①路… Ⅱ.①卡…②王… Ⅲ.①马丁·路德(Martin Luther, 1483-1546)—人物研究 Ⅳ.①B979.951.6

中国版本图书馆CIP数据核字(2017)第268406号

路德的人生智慧
——十架与自由

著　　者 / 卡尔·楚门
译　　者 / 工
丛书策划 / 橡树文字工作室
特约编辑 / 王爱玲
责任编辑 / 邱　红　陈泠珅
装帧设计 / 徐　徐
监　　制 / 姚　军
责任校对 / 张大伟

出版发行 / 上海三联书店
(200041)中国上海市静安区威海路755号30楼
邮　　箱 / sdxsanlian@sina.com
联系电话 / 编辑部:021-22895517
发行部:021-22895559
印　　刷 / 上海盛通时代印刷有限公司

版　　次 / 2019年6月第1版
印　　次 / 2024年4月第6次印刷
开　　本 / 890mm×1240mm 1/32
字　　数 / 180千字
印　　张 / 9.25
书　　号 / ISBN 978-7-5426-6113-5/B·546
定　　价 / 58.00元

敬启读者,如发现本书有印装质量问题,请与印刷厂联系 021-37910000